Inhalt

FÜR PAPA

Willkommen in der verrückten Welt des Cake Designs!

Ich möchte alle neuen Leser und Leserinnen herzlich willkommen heißen und alle die, die schon wieder da sind: Es freut mich riesig, euch erneut unterhalten und euch die Welt des Cake Designs näherbringen zu dürfen. Nicht nur das Backen macht mir wahnsinnigen Spaß – die größte Freude ist es für mich, das Gebackene mit euch zu teilen!

In meinem zweiten Buch möchte ich euch neben den Grundlagen zum Dekorieren individueller Torten mit Fondant neue Ideen und Techniken vorstellen. Diese erfordern erstmal ein wenig Geduld und Übung, sind dann aber kinderleicht umzusetzen und ein ganz besonderes Highlight auf jedem Fest.

Denn genau deswegen stellen wir uns doch viele Stunden in die Küche, um kleine Kunstwerke zu backen und zu dekorieren. Es gibt nämlich nichts Schöneres, als dem Beschenkten, ob Groß oder Klein, beim Überreichen einer selbst gebackenen Torte in die leuchtenden Augen zu sehen.

Stefanie Noé

Neue Motivtorten

individuell
& kreativ

Impressum

MIX
Papier aus verantwortungsvollen Quellen
FSC® C108080
FSC
www.fsc.org

© Compact Verlag GmbH
Baierbrunner Straße 27, 81379 München

Text: Stefanie Noé
Redaktionsleitung: Isabel Martins
Produktion: Ute Hausleiter
Abbildungen Innenteil und Cover: AnneTheis|Photography
Illustrationen Tortenstücke im Innenteil: fotolia.com/PureSolution
Layout und Umschlaggestaltung: red.sign GbR, Stuttgart

ISBN 978-3-8174-1677-6
381741677/1

www.compactverlag.de

Die Torte schenkt uns doppelt Freude: zum einen durch das wundervolle Aussehen, zum anderen durch ihren leckeren Geschmack.

Im ersten Teil dieses Buches werdet ihr neue Rezepte entdecken, hauptsächlich aus dem Rezeptbuch meiner lieben Oma Karolina. Außerdem stelle ich euch Werkzeuge vor, die ihr für die Dekoration einer Motivtorte benötigt. Und natürlich zeige ich euch auch wichtige Techniken, wie beispielsweise das faltenfreie Eindecken einer Torte, das Einfärben von Fondant oder das Stapeln mehrstöckiger Torten.

Im Hauptteil des Buches stelle ich euch dann ganz unterschiedliche Torten für verschiedene Anlässe vor. Für jeden ist da etwas dabei, egal ob man zum ersten Mal mit Fondant arbeitet oder schon fortgeschritten ist. Die Schwierigkeitsstufen werden bei jeder Torte angegeben.

Jetzt wünsche ich euch viel Spaß in der kunterbunten und verrückten Welt der Torten!

Die schönsten Dinge entstehen, wenn man es wagt, etwas aus dem Bauch heraus zu machen. In diesem Sinne,

Eure Stefanie ♡

Wer noch mehr über mich wissen will, der schaut einfach in meinem Blog crazybacknoe.blogspot.de vorbei, oder ihr besucht mich in den sozialen Medien wie Facebook oder Instagram unter Crazy BackNoé.

Ich freue mich auf euch!

Videotipp

Willkommen in meiner Welt des Cake Designs!

Grundlagen

In diesem ersten Kapitel möchte ich euch die Grundlagen des Cake Designs näherbringen. Zuerst gibt es natürlich leckere Rezepte für Kuchen und Torten, die sich für Motivtorten eignen; schließlich sollen die Torten ja nicht nur super aussehen, sondern auch gut schmecken. Selbstverständlich gibt es außerdem Rezepte für Füllungen und Ganache sowie für Fondant und Blütenpaste, die für das Dekorieren benötigt werden. Wichtige und sinnvolle Werkzeuge stelle ich euch ebenfalls vor. Techniken zur Vorbereitung der Torten für das Dekorieren erkläre ich euch im nächsten Punkt. Dieses Kapitel wird dann mit Tipps und Tricks rund um das Thema Cake Design abgeschlossen.

Rezepte

Zentgraf-Kuchen

Ein einfaches Rührkuchenrezept – aber sehr fruchtig! Wenn ihr genau das sucht, seid ihr beim Zentgraf-Kuchen richtig. Denn hier werden Äpfel in den Teig eingearbeitet. Und obwohl der Kuchen sehr luftig, feucht und saftig ist, kann er prima als „Innenleben" einer Motivtorte verwendet werden. Das hätte sogar schon einem Zentgrafen im Mittelalter geschmeckt!

ZUTATEN:

- 3 Eier (Größe M)
- 180 g weiche Butter
- 180 g Zucker
- 1 TL Vanillezucker
- 2 TL Zimtpulver
- 180 g Mehl (Type 405)
- 1 Päckchen Backpulver
- 100 g gehackte Mandeln
- 4 große Äpfel
- Fett für die Form

ZUBEREITUNG:

Alle Zutaten nacheinander zu einem glatten Rührteig verarbeiten. Dann die Äpfel schälen, entkernen und klein schneiden, anschließend unter den Teig heben. Den Teig in eine gefettete Springform mit 26 cm Durchmesser füllen. Im vorgeheizten Backofen bei 160 Grad Umluft (180 Grad Ober- und Unterhitze) ca. 50 Minuten backen.

VARIATION:

An kalten Wintertagen noch etwas gemahlene Nelke und 1 Prise Muskatnuss in den Teig geben. Das duftet nicht nur herrlich, sondern schmeckt auch noch lecker!

Tipp

Den Kuchen nach dem Backen mit der Wölbung nach unten auf ein Kuchengitter legen; diese Wölbung entsteht während des Backens durch die Entwicklung von CO_2-Gasen im Kuchen. So wird die Wölbung geglättet. Grundsätzlich sollte man immer die Unterseite des Kuchens eindecken und dekorieren, da diese sowieso schon gerade ist und man schärfere Kanten hat.

Vanillekuchen

Dieses Kuchenrezept lässt sich optimal zum Zuschneiden von 3-D-Kuchen, wie beispielsweise der Sektflasche oder der Handtasche, verwenden. Der Kuchen ist schön stabil, an Schnittstellen bröckelt er nicht ab und er lässt sich perfekt mit anderen Zutaten variieren.

ZUTATEN:
- 5 Eier (Größe M)
- 300 g Zucker
- 1 TL Vanillezucker
- Mark von 1 Vanilleschote
- 250 ml neutrales Öl
- 125 ml lauwarmes Wasser
- 375 g Mehl (Type 405)
- 1 Päckchen Backpulver
- Fett für die Form

ZUBEREITUNG:
Die Eier trennen und Eigelb mit Zucker, Vanillezucker und Vanillemark schaumig rühren. Danach Öl und Wasser dazugeben und alles glatt verrühren. Anschließend das Mehl mit Backpulver darübersieben und unterrühren. Das Eiweiß steif schlagen und vorsichtig unter den vorbereiteten Teig heben.

Den Teig in eine gefettete Springform mit 26 cm Durchmesser füllen und im vorgeheizten Backofen bei 160 Grad Umluft (180 Grad Ober-und Unterhitze) 50–55 Minuten backen.

Tipp

Soll der Kuchen später besonders hoch sein, damit der Rand der Torte auch dekoriert werden kann, am besten die Zutaten verdoppeln und zwei Rührkuchen backen, die dann später übereinandergesetzt werden. Oder man füllt den Teig von einem Rezept in eine kleinere Form mit 20 cm Durchmesser. Rührkuchen sind recht schwer und werden deshalb nicht so hoch wie beispielsweise Kuchen aus Biskuitteig.

VARIATION:
Wer den Teig fruchtig haben will, gibt anstelle des Wassers Saft hinzu oder hebt noch klein geschnittene Früchte unter den Teig. Auch Kakao, geschmolzene Schokolade oder Gewürze können dem Teig zugefügt werden.

Oma Klaras Biskuitrezept

Für eine Cremetorte braucht man einen Biskuitboden. Da habe ich schon oft gehört, dass Biskuit zusammenfällt oder nicht richtig aufgeht. Ich jedenfalls hatte damit bisher keine Probleme, denn Oma Klaras Biskuitrezept gelingt einfach immer!

ZUTATEN:
- 6 Eier (Größe M)
- 6 EL lauwarmes Wasser
- 300 g Zucker
- 1 TL Vanillezucker
- 300 g Mehl (Type 405)
- 1 Päckchen Backpulver
- Fett für die Form

ZUBEREITUNG:
Die Eier mit dem lauwarmen Wasser schaumig schlagen. Danach Zucker und Vanillezucker unterrühren und ca. 10 Minuten auf höchster Stufe schlagen. Anschließend Mehl mit Backpulver über den Teig sieben und dann nur kurz durchrühren. Den Teig in eine gefettete Springform mit 26 cm Durchmesser füllen. Im vorgeheizten Backofen bei 160 Grad Umluft (180 Grad Ober- und Unterhitze) ca. 45 Minuten backen.

VARIATION:
Für einen Schokoladenbiskuit werden zusätzlich 5 EL Kakao hinzugefügt.

Surprise-Inside-Cake – Stern im Kuchen

Um einen einfachen Rührkuchen optisch aufzupeppen, backe ich gerne einen Surprise-Inside-Cake. Da gibt es dann eine Form im Kuchen, was beim Aufschneiden einfach ein tolles Highlight für das Auge ist. Ein Stern am Himmel bereitet Groß und Klein besonders viel Freude beim Verspeisen!

ZUTATEN:

Biskuit für die Sterne:

- 3 Eier (Größe M)
- 3 EL lauwarmes Wasser
- 150 g Zucker
- ½ TL Vanillezucker
- 150 g Mehl (Type 405)
- ½ Päckchen Backpulver
- Fett für die Form

Gewürzkuchen für den Himmel:

- 200 ml Milch
- 125 g weiße Kuvertüre
- 200 g weiche Butter
- 350 g Zucker
- 4 Eier (Größe M)
- 1 Msp. gemahlene Nelken
- etwas frisch geriebene Muskatnuss
- 1 TL Zimtpulver
- 350 g Mehl (Type 405)
- 1 Päckchen Backpulver
- 1 Msp. blaue Lebensmittel-Pastenfarbe

ZUBEREITUNG:

Zuerst den Biskuit für die Sterne vorbereiten. Dafür die Eier mit dem lauwarmen Wasser schaumig geschlagen. Danach Zucker und Vanillezucker unterrühren und alles ca. 10 Minuten auf höchster Stufe schlagen. Anschließend Mehl mit Backpulver über den Teig sieben und dann nur kurz durchrühren.

Den Teig auf ein gefettetes und mit Backpapier ausgelegtes Backblech streichen und im vorgeheizten Backofen bei 160 Grad Umluft (180 Grad Ober- und Unterhitze) ca. 10 Minuten backen. Danach den Biskuit abkühlen lassen und mit einem Sternausstecher Sterne ausstechen.

Die Sterne in einer gefetteten runden Backform mit 26 cm Durchmesser kreisförmig am Rand entlang aufstellen.

Dann bereitet man den Gewürzkuchen für den Himmel vor. Dafür die Milch erhitzen und die weiße Kuvertüre darin schmelzen. Danach abkühlen lassen. Butter, Zucker, Eier und Gewürze glatt verrühren und zum Schluss die Schokoladenmilch abwechselnd mit der gesiebten Mehl-Backpulver-Mischung dazurühren. Den Teig mit der blauen Lebensmittelfarbe einfärben und in die mit den Sternen gefüllte Backform geben. Im vorgeheizten Backofen bei 160 Grad Umluft (180 Grad Ober- und Unterhitze) ca. 1 Stunde backen.

VARIATION:

Ein rotes Herz für den Muttertag oder zur Hochzeit!

Rainbow Cake

Wenn mein Großcousin Moritz neben mir steht, während ich eine Torte anschneide, ist er immer ganz gespannt, wie sie von innen aussieht. Denn ab und zu überrasche ich ihn gerne mit etwas Buntem. Der Überraschungseffekt gelingt mit einer Torte in den Regenbogenfarben eigentlich immer!

ZUTATEN:

- 6 Eier (Größe M)
- 6 EL lauwarmes Wasser
- 300 g Zucker
- 1 TL Vanillezucker
- 300 g Mehl (Type 405)
- 1 Päckchen Backpulver
- Lebensmittel-Pastenfarben in Lila, Blau, Grün, Gelb, Orange und Rot
- Fett für die Form

ZUBEREITUNG:

Die Eier mit lauwarmem Wasser schaumig schlagen. Danach Zucker und Vanillezucker unterrühren und alles ca. 10 Minuten auf höchster Stufe schlagen. Anschließend Mehl und Backpulver über den Teig sieben und dann nur kurz durchrühren.

Den Teig in sechs gleich große Portionen teilen; dafür den Teig löffelweise in sechs Schalen füllen. Jede Teigportion mit einer anderen Lebensmittelfarbe einfärben. Dafür beispielsweise mit einem Zahnstocher nach und nach etwas

Farbe daraufgeben (Bild 1) und mit einem Löffel unterrühren (Bild 2). Erstmal mit wenig Farbe anfangen, bis die gewünschte Farbkonsistenz erreicht ist; der Teig soll schön kräftig-leuchtend aussehen (Bild 3).

1

2

3

Die Teigportionen nacheinander, also getrennt voneinander in eine gefettete runde Backform mit 26 cm Durchmesser füllen und im vorgeheizten Backofen bei 160 Grad Umluft (180 Grad Ober- und Unterhitze) jeweils 10–12 Minuten backen. Danach aus der Form lösen und vollständig auskühlen lassen (Bild 4).

4

Danach die Böden, mit Ausnahme des roten Bodens, mit einer Creme nach Geschmack bestreichen (Bild 5). Die Böden in dieser Reihenfolge aufeinandersetzen: Lila, Blau, Grün, Gelb, Orange und zum Schluss Rot. Das Ganze dann leicht andrücken (Bild 6).

5

6

Vanillezucker

Vanillezucker lässt sich ganz einfach und schnell selbst ansetzen. Da kauft man nie wieder Päckchen!

ZUTATEN:
- 2 Vanilleschoten
- 200 g Zucker

ZUBEREITUNG:
Wenn das Mark der Schoten für einen Teig benötigt wird, verwendet man nur die Schoten. Die dann nach dem Auskratzen nur grob klein schneiden. Noch intensiver wird der Zucker aber, wenn man auch das Vanillemark dazugibt.

Die Schoten und gegebenenfalls das Vanillemark zusammen mit dem Zucker in ein luftdicht verschließbares Einmachglas füllen, kräftig schütteln und vor der Verwendung ca. 1 Woche ziehen lassen. Die Vanilleschoten geben über mehrere Monate Aroma an den Zucker ab.

VARIATION:
Eine Tonkabohne dazugeben – einfach himmlisch!

(Himbeer-)Creme

Die Creme für die Füllung einer Fondanttorte sollte recht fest sein. Außerdem sollte man die Torte nicht zu hoch damit füllen, damit die Füllung durch das Gewicht der Dekoration nicht herausgedrückt wird. Diese Creme verwende ich oft als Basis und variiere die Früchte je nach Saison. Anstelle der Früchte kann man auch geschmolzene Schokolade unterrühren.

ZUTATEN:
- 250 g Himbeeren (frisch oder tiefgefroren)
- 400 g Sahne
- 1 Päckchen Tortencremepulver
- etwas Puderzucker
- 400 g Naturjoghurt

ZUBEREITUNG:
Die Himbeeren vorsichtig waschen, gut trocken tupfen und pürieren. Die Sahne steif schlagen. Das Tortencremepulver und etwas Puderzucker mit den pürierten Früchten gut verrühren, dann den Joghurt unterrühren. Zuletzt die geschlagene Sahne unterheben und alles auf den Böden der Torte verteilen, die gefüllt werden soll.

Die Creme reicht für eine Torte.

Tipp

Um die Creme anzudicken, kann man anstelle des Tortencremepulvers auch sechs bis acht Blatt Gelatine zum Auflösen verwenden.

Zitronen-Quarkkäse-Creme

ZUTATEN:
- 400 g Sahne
- 1 Päckchen Tortencremepulver
- etwas Puderzucker
- Abrieb und Saft von 1 Bio-Zitrone
- 1 Päckchen Zitronenzucker
- 400 g Quark

Tipp

Diese Creme lässt sich auch super mit Lemon Curd (Rezept siehe rechts) kombinieren. Dafür zuerst Lemon Curd mit einem Messer auf dem Tortenboden verstreichen, dann die Creme daraufgeben.

ZUBEREITUNG:
Die Sahne steif schlagen. Tortencremepulver, etwas Puderzucker, Zitronenabrieb und Zitronenzucker zuerst mit dem Quark glatt verrühren, danach den Zitronensaft gut unterrühren und die Creme abschmecken. Zuletzt die Sahne unterheben und alles auf den Böden der Torte verteilen, die gefüllt werden soll.

Die Creme reicht für eine Torte.

Lemon Curd

Auf Torten, in Cupcakes oder sogar auf dem Brot – Lemon Curd ist variabel einsetzbar und schmeckt einfach super.

Er ist ähnlich wie eine „Marmelade“ aus Zitrone.

ZUTATEN:
- 75 ml frisch gepresster Zitronensaft
- Abrieb von 1 Bio-Zitrone
- 110 g Zucker
- 1 TL Vanillezucker
- 50 g Butter
- 50 g Sahne
- 12 g Speisestärke

ZUBEREITUNG:
Zitronensaft und Zitronenabrieb mit Zucker und Vanillezucker in einen Topf geben und unter ständigem Rühren heiß werden lassen. Wenn sich der Zucker dann aufgelöst hat, die Butter dazugeben und diese unter Rühren schmelzen lassen. Anschließend die Sahne hinzufügen und 5 Minuten leicht kochen lassen.

8–10 EL Zitronenmischung zur Speisestärke geben und gründlich verrühren. Wenn sich die Stärke aufgelöst hat, das Ganze wieder zur Zitronenmischung im Topf geben und unter Rühren nochmal aufkochen lassen. Danach Lemon Curd in ein ganz sauberes, luftdicht verschließbares Einmachglas füllen und abkühlen lassen.

Schokoladenganache

Schokoladenganache kann man sowohl zum Füllen als auch zum Überziehen von Torten verwenden. Als Überzug für meine Torten verwende ich meistens Ganache. Viele fragen sich jetzt bestimmt, warum man überhaupt einen Überzug für Torten braucht. Dafür gibt es drei Gründe:

1. Damit der Fondant an der Torte überhaupt haften bleibt.

2. Damit man eine möglichst glatte Fläche erhält und Unebenheiten vom Kuchen ausgleichen kann.

3. Um den Fondant gegebenenfalls vor einer feuchten Cremefüllung zu schützen, denn bei einer Berührung mit beispielsweise einer Sahnecreme, wie ich sie weiter vorne vorgestellt habe, würde er sich auflösen.

ZUTATEN:

Ganache aus Zartbitterkuvertüre:
- 200 g Sahne
- 200 g Zartbitterkuvertüre

Ganache aus Vollmilchkuvertüre:
- 200 g Sahne
- 300 g Vollmilchkuvertüre

Ganache aus weißer Kuvertüre:
- 200 g Sahne
- 400 g weiße Kuvertüre

ZUBEREITUNG:

Die Sahne in einem Topf erhitzen. Die Kuvertüre in Stücke brechen und in die Sahne geben. Das Ganze vorsichtig und unter ständigem Rühren aufkochen lassen. Vorsicht – ständig umrühren, damit es nicht anbrennt! Wenn sich die ganze Schokolade aufgelöst hat, die Ganache in eine Schüssel umfüllen und abkühlen lassen.

Die Ganache muss ca. 12 Stunden ruhen, am besten in einem kühlen Raum wie dem Keller oder im Kühlschrank. Danach dann die Masse kurz bei niedriger Wattzahl in der Mikrowelle oder im Wasserbad erwärmen, bis sie eine streichfähige Konsistenz hat.

Ein Cremerezept reicht entweder als Füllung oder als Außencreme für eine Torte. Die Ganache hält sich ca. 1 Woche im Kühlschrank und kann auch eingefroren werden.

Tipp

Wird die Ganache als Füllung verwendet, sollte sie nach dem Abkühlen mit einem Handrührgerät aufgeschlagen werden. Dabei erhöht sich ihr Volumen und die Torte lässt sich super füllen.

Buttercreme

Eine Alternative zu Schokoladenganache ist Buttercreme. Sie kann ebenfalls als Außencreme oder als Füllung verwendet werden.

ZUTATEN:
- 500 g Vanillepudding
- 500 g Butter

ZUBEREITUNG:

Vanillepudding nach der Packungsanleitung kochen; es sollte kein Pudding verwendet werden, der nur kalt angerührt wird! Den Pudding abkühlen lassen und die Butter aus dem Kühlschrank nehmen. Beides muss bei der Verarbeitung Zimmertemperatur haben. Butter schaumig rühren. Die Haut vom Pudding entfernen, dann den Pudding nach und nach zur Butter geben und unterrühren.

Tipp

Werden Cremetorten mit Fondantüberzug im Kühlschrank gelagert, sollte unbedingt eine Schüssel mit Salz danebengestellt werden, damit dieses die Feuchtigkeit im Kühlschrank anziehen kann und nicht der Fondant sie aufnimmt.

Ein Cremerezept reicht entweder als Füllung oder als Außencreme für eine Torte.

VARIATION:

Die Creme kann man mit Likör, geschmolzener Schokolade oder Aromaölen geschmacklich variieren.

Rollfondant

Fondant ist eine Zuckermasse und lässt sich super als Überzug und zur Dekoration von Torten verwenden. Entweder kann Fondant in Tortenshops gekauft bzw. online bestellt werden, oder man stellt ihn selbst her.

Rollfondant wird zum Eindecken von Torten verwendet. Ich stelle euch hier das Rezept nach Monika von Tortentantes Tortenwelt vor, das einfach immer ohne Probleme gelingt.

Tipp

Fondant zur Aufbewahrung immer luftdicht verpacken. Er hält sich im Kühlschrank 4–5 Monate.

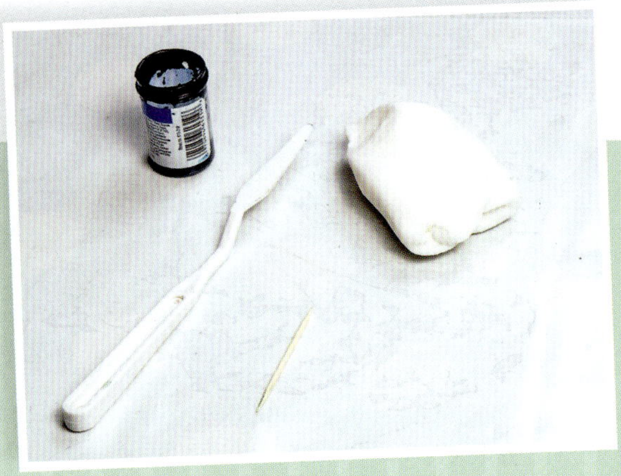

ZUTATEN:

- 1 Päckchen Gelatinepulver
- 60 ml lauwarmes Wasser
- 170 g Glucose- oder Zuckersirup
- 1 TL Glycerin (z. B. in der Apotheke erhältlich)
- einige Tropfen Butter-Vanille-Aroma
- etwas Salz
- 1 kg gesiebter Puderzucker

ZUBEREITUNG:
Gelatine mit dem Wasser in einem Topf quellen lassen, dann vorsichtig unter Wärme auflösen. Danach Sirup, Glycerin, Aroma und 1 Prise Salz zugeben. 700 g Puderzucker in eine Rührschüssel sieben und die Sirup-Gelatine-Mischung daraufgeben.

Das Ganze wird nun mit den Knethaken der Küchenmaschine oder des Handrührgerätes auf höchster Stufe gründlich verknetet. Die übrigen 300 g Puderzucker auf die Arbeitsfläche sieben und den Fondant darauf kräftig durchkneten.

Sobald das Ganze eine homogene Masse ist, den Fondant luftdicht mit Frischhaltefolie verpacken; das ist sehr wichtig, denn sonst trocknet er aus. Daher sollte er auch beim Arbeiten immer wieder luftdicht verpackt werden! Fondant vor der Weiterverarbeitung 1 Tag ruhen lassen.

Modellierfondant

Rollfondant wird zum Eindecken von Torten benutzt. Will man aber Figuren modellieren, sollte man das Bindemittel Carboxymethylcellulose mit einarbeiten, damit der Fondant mehr Stabilität erhält.

ZUTATEN:

- 500 g Rollfondant
- 1 TL Carboxymethylcellulose (CMC-Pulver)

ZUBEREITUNG:
Rollfondant mit dem CMC-Pulver verkneten und vor der Weiterverarbeitung luftdicht verpackt ca. 12 Stunden ruhen lassen.

Tipp

Wird der Fondant zu hart, kann etwas Kokosfett untergeknetet werden. Wird er zu weich, etwas an der Luft liegen lassen oder mit ein wenig Puderzucker versetzen. Wichtig: immer luftdicht verpacken, damit der Fondant nicht austrocknet! Und auch Modellierfondant hält sich dann im Kühlschrank 4–5 Monate.

Blütenpaste

Für filigrane Modellierungen wie Rosenblüten oder Blätterranken verwende ich gerne Blütenpaste. Sie besteht hauptsächlich aus Puderzucker und dem Bindemittel CMC. Das sorgt für Stabilität und die Modellierungen trocknen ziemlich schnell aus. Deswegen immer darauf aufpassen, dass die Blütenpaste luftdicht verpackt ist!

ZUTATEN:

- 2 Eiweiß (Größe M)
- 400 g gesiebter Puderzucker
- 8 TL Carboxymethylcellulose (CMC-Pulver)
- Kokosfett für die Arbeitsfläche

ZUBEREITUNG:
Eiweiß mit dem Handrührgerät oder in der Küchenmaschine auf höchster Stufe kurz aufschlagen. Dann die Geschwindigkeit etwas reduzieren und den Puderzucker langsam dazugeben. 2–3 Minuten wieder auf der höchsten Stufe rühren.

Die Geschwindigkeit reduzieren und das CMC-Pulver langsam einrieseln lassen. Das Ganze erneut auf höchster Stufe rühren, bis es fester wird.

Die Blütenpaste auf einer mit Kokosfett eingefetteten Arbeitsfläche gut durchkneten. Die Blütenpaste vor der Weiterverarbeitung ca. 12 Stunden luftdicht verpackt ruhen lassen.

Zuckerkleber

Um Dekorationen auf Torten zu befestigen, kann zwar auch Wasser verwendet werden, besser hält aber alles mit Zuckerkleber. Dieser Kleber lässt sich für ca. 3 Wochen im Kühlschrank aufbewahren.

ZUTATEN:

- 100 ml Wasser
- ½ TL Carboxymethylcellulose (CMC-Pulver)

ZUBEREITUNG:
Das Wasser in einen Topf geben, aufkochen und danach in ein verschließbares Gefäß füllen, in dem der Zuckerkleber aufbewahrt werden soll. Das CMC-Pulver einrühren und vor der Verwendung ca. 12 Stunden ziehen lassen. In dieser Zeit löst sich das Pulver auf und das Ganze erhält eine zähflüssige Konsistenz.

Eiweißspritzglasur (Icing)

Wenn man Torten aufeinanderstapeln will, verwendet man am besten Eiweißspritzglasur. Dieses sogenannte Icing lässt sich nämlich hervorragend als Kleber verwenden. In diesem Buch zeige ich euch auch, dass man damit schöne Dekorationen auf Tortenrändern machen kann.

ZUTATEN:
- 2 Eiweiß (Größe M)
- 500 g Puderzucker

ZUBEREITUNG:
Eiweiß gründlich mit dem Puderzucker zu einer homogenen Masse verrühren. Da hier Eiweiß enthalten ist, sollte das Ganze möglichst schnell verwendet und nicht aufbewahrt werden. In der Zwischenzeit aber immer luftdicht abdecken, da die Masse sonst austrocknen würde.

VARIATION:
Icing kann auch mit Trockeneiweiß angerührt werden!

Zuckerspitze

Eine Torte mit essbarer Spitze ist ein kleines Kunstwerk und sorgt auf jedem Fest für Aufsehen. Diese Spitze kann man relativ einfach selbst herstellen. Die dafür nötige Masse kauft man entweder schon fertig angerührt oder man stellt sie selbst her.

ZUTATEN:
- 12 g Carboxymethylcellulose (CMC-Pulver)
- 125 ml kochendes Wasser
- 25 g Speisestärke
- 13 g Puderzucker
- 3 g Trockeneiweiß (alternativ 1 frisches Eiweiß)
- 2 TL Barsirup

Tipp

CMC-Pulver erhält man in der Apotheke. Alternativ: Haftpulver für die dritten Zähne.

ZUBEREITUNG:
CMC-Pulver mit kochendem Wasser mischen und mit dem Handrührgerät oder in der Küchenmaschine auf der höchsten Stufe gut verrühren.

Danach Stärke mit Puderzucker und Trockeneiweiß sieben und mit der CMC-Wasser-Masse mischen. Zuletzt den Barsirup unterrühren und alles auf höchster Stufe ca. 10 Minuten verrühren. Diese Masse hat dann eine geleeartige Konsistenz.

Zuckerspitze unbedingt luftdicht verpackt aufbewahren; ist sie mit Trockeneiweiß hergestellt, kann man sie mehrere Monate aufbewahren, sonst muss sie schnell verbraucht werden.

Barsirup

ZUTATEN:
- 150 g Zucker
- 100 ml Wasser
- 1–2 Tropfen Zitronensaft

ZUBEREITUNG:
Zucker und Wasser mit Zitronensaft in einem Topf unter Rühren aufkochen. Ca. 3 Minuten kochen lassen, dann wieder abkühlen lassen. Sirup in eine Flasche füllen und im Kühlschrank bis zu 3 Monate aufbewahren.

Equipment

Mittlerweile gibt es Cake-Design-Equipment fast überall zu kaufen, vom Supermarkt über den Fachhandel bis hin zu Onlineshops. Als Anfänger sollte man zuerst daheim schauen, was man verwenden kann, bevor man sich Neues zulegt. Erst wenn man sich dafür entscheidet, öfter Torten zu dekorieren, sollte man über speziellere Anschaffungen nachdenken. Im Folgenden stelle ich euch interessante und nützliche Werkzeuge und Utensilien vor.

BILD 1: ZUM BACKEN
1. **runde Backformen** mit Durchmessern von 10 cm bis hin zu 30 cm

2. **Kastenform** mit 25 cm Länge

3. **quadratische Backform** mit 20 cm Seitenlänge

4. **rechteckige Backform** mit 25 cm x 15 cm Kantenlänge

5. **Backblech** mit Backpapier

1

2

BILD 2: BASIC EQUIPMENT

1. **Unterlage:** Hier sieht man eine antihaftbeschichtete Backmatte aus dem Fachhandel. Die kostengünstigere Variante: Im Baumarkt eine durchsichtige und lebensmittelechte (!) PVC-Tischdecke zuschneiden lassen, die vor der Verwendung etwas eingefettet wird.

2. **Drehteller:** Drehbare Tortenplatten gibt es aus Holz, Kunststoff oder Metall. Von meiner Mutter bekam ich für meine ersten Torten ihren Käsedrehteller, was die Dekoration enorm erleichtert hat.

3. **Nudelholz:** Ich verwende nach wie vor mein ‚normales' Nudelholz aus Holz. Bleibt der Fondant daran kleben, wird es eingefetten. Für Profis gibt es große Ausrollstäbe aus Kunststoff.

4. **Teigschaber:** zum Verstreichen der Ganache auf dem Kuchen oder zum Verteilen der Zuckerspitze in der Form.

5. **Glätter:** auf Englisch „Smoother". Zum Glätten des Fondants, mit dem die Torten eingedeckt werden.

6. **Kokosfett:** zum Einfetten von Unterlage, Händen und Nudelholz. Sollte Fondant zu hart, also zu trocken sein, kann man es einarbeiten; dadurch wird er wieder weicher. Vorsicht: Durch zu viel Fett wird Fondant sehr weich und kann leicht reißen.

7. **Zwirn:** gutes Hilfsmittel, um Torten gerade durchzuschneiden.

8. **Modellierwerkzeug zum Schneiden:** ist im Künstlerbedarf erhältlich. Damit kann man schneiden, Strukturen ritzen oder Fondant von der Unterlage aufnehmen, ohne dass er verformt wird.

9. **Lebensmittelfarbe:** Ich verwende am liebsten Pasten- oder Gelfarben. Davon benötigt man wenig zum Einfärben von Fondant, und seine Konsistenz verändert sich nicht. Außerdem gibt es Puderfarben, die für spezielle Effekte verwendet oder mit Wasser angerührt zum Malen benutzt werden können.

BILD 3: WICHTIGSTE WERKZEUGE

1. **CMC-Pulver:** Bindemittel mit dem Namen Carboxymethylcellulose. Das verwendet man bei der Herstellung von Modellierfondant und Blütenpaste; damit werden Festigkeit und Stabilität erhöht. Auch für Zuckerkleber kommt es zum Einsatz.

2. **Zuckerkleber:** Damit befestigt man Dekorationen auf Fondanttorten.

3. **kleiner Rollstab aus Kunststoff:** Den verwende ich zum Ausrollen kleinerer Fondantmengen; eine Alternative wäre ein Kindernudelholz.

4. **Modellierwerkzeuge zum Schneiden:** gibt es in verschiedenen Formen.

3

5. **Modellierwerkzeug Kamm:** Dieses Werkzeug hat Zacken, mit denen man etwa Nähte auf Fondant eindrücken kann.

6. **Modellier-Skalpell/Cuttermesser:** wird vor allem zum Ausschneiden von filigranen Formen auf Fondant- oder Oblatenpapier benutzt.

7. **Lebensmittelfarbstifte:** Damit kann man auf Torten schreiben oder malen.

8. **Zahnstocher, Schaschlikspieß, Spaghetti oder Makkaroni:** Spaghetti oder Makkaroni verwende ich gerne, um Figuren stabil in sich selbst und auf Torten zu fixieren. Schaschlikspieße oder Zahnstocher sind eine Alternative, aber bei Torten, die auch Kinder essen, würde ich vorsichtshalber immer zu Nudeln greifen.

9. + 11. **Pinsel:** Mit feinen Pinseln trägt man Zuckerkleber auf oder malt auf Fondant; davon benötigt man meist mehrere Exemplare. Mit breiteren Pinseln kann man Puderfarben auftragen.

10. **Pinzette:** Sie ist sehr hilfreich, um beispielsweise Zuckerperlen auf eine Torte zu kleben.

12. **Lineal:** Damit misst man ausgerollten Fondant etwa zum Eindecken ab. Außerdem kann man damit gerade Linien in Fondant schneiden, gerade Linien eindrücken oder das Couchmuster herstellen.

BILD 4: ZUM STAPELN VON TORTEN

1. **runde Cake Cards:** 3 mm dünne Cake Boards in verschiedenen Größen. Sie können gut als Platten beim Stapeln mehrstöckiger Torten verwendet werden.

2. **Bambusstäbe:** werden als Stützen in mehrstöckige Torten eingebaut.

3. **Schmirgelpapier:** Werden Bambusstäbe abgeschnitten, müssen die Enden abgeschmirgelt werden, damit keine Holzsplitter in den Kuchen gelangen.

4. **Zahnstocher:** sollte man immer zur Hand haben. Man kann sie etwa zum Stabilisieren von Figuren verwenden, zum Einritzen von Strukturen oder um Farbe auf den Fondant zu geben.

5. **Gartenschere:** um Draht oder Bambusstäbe durchzuschneiden.

6. **Eiweißspritzglasur oder Icing:** wird als Randverzierung oder als Klebemittel verwendet.

BILD 5 (SEITE 16): BLÜTEN- UND BLÄTTER-DEKORATIONEN

1. **diverse Ausstecher:** zum Beispiel Blümchen oder Blätter mit Stempel zum Prägen von Strukturen. Der Stempel dient auch als Auswerfer, mit dem der Fondant herausgedrückt wird.

2. **Puderfarben:** Damit werden bestimmte Effekte erzielt. Pudert man beispielsweise Blütenblätter damit ab, erhalten sie eine natürlichere Farbe.

3. **Zuckerperlen:** zur Dekoration; sie werden mit Zuckerkleber befestigt.

4. **flache runde Schalen:** zum Trocknen größerer Blüten. Sie sollten nicht größer sein als der Durchmesser der Blüten.

5. **Schachtel mit kleinen Mulden:** zum Trocknen von kleineren Blüten, damit sie eine natürliche Form erhalten.

6. **Cel Board:** Damit spießt man Blumen oder Blätter auf Draht. Es hat mehrere Rillen, und wenn man Blütenpaste darauf ausrollt, wird sie in die Rillen gedrückt. Es bildet sich ein Steg, der das Einführen von Draht einfacher macht. Der gewünschte Ausstecher wird so auf das Cel Board gelegt, dass die Rille der Länge nach in der Mitte des Ausstechers ist. Dann kann der Draht in die Rille gesteckt werden, um etwa eine Efeuranke zu modellieren.

7. **Schaumstoffbrett:** auf Englisch „Foam Pad". Wird verwendet, um darauf etwa Blätter auszudünnen oder um Fransen von Ausstechern zu entfernen.

8. **Ball Tool:** Ihn gibt es in verschiedenen Größen aus Kunststoff oder Metall. Damit kann man zum Beispiel Blätter ausdünnen, damit sie eine natürliche Form bekommen. ***Mein Tipp:*** An Cocktailstäben ist oft auch ein „Ball" dran.

4

9. + 10. **Floristenband und -draht:** Damit modelliert man Blumen oder Blätterranken. Die einzelnen Drähte werden mit dem Band zusammengebunden und, sind sie mit Papier ummantelt, so in die Torte gesteckt, oder man gibt sie zuvor in Strohhalme.

11. **Strohhalme:** Damit kann man auf Draht befestigte Blumen oder Blätter auf einer Torte fixieren. Dafür Fondant hineindrücken und Strohhalme in die Torte stecken. So kommt Draht, der nicht ummantelt ist, nicht in direkte Verbindung mit dem Kuchen.

12. **Randverzierungsausstecher:** für Bordüren an Tortenrändern.

13.–17. **unterschiedliche Ausstecher für Blumen:**

- 13. große (Rosen-)Blüten in verschiedenen Größen;
- 14. Calla oder Weihnachtsstern in verschiedenen Größen; Alternative zu den Ausstechern ist ein Herzausstecher;
- 15. vierteiliges Orchideenset (ein Ausstecher für ein großes Kelchblatt, ein Ausstecher für die zwei kleinen Kelchblätter (Sepalen), ein Ausstecher für die zwei rundlicheren Kronblätter (Petalen) und einer für die Lippe (Labellum);
- 16. tropfenförmiger Rosenblätterausstecher; Alternative zu den Metallausstechern ist etwa ein rundes Schnapsglas;
- 17. (Hortensien-)Blütenausstecher mit passendem Silikonpräger; so erhalten die Blüten eine noch natürlichere Form.

5

BILD 6: PROFI-EQUIPMENT

1. **Silikonmatten für Zuckerspitze:** werden benötigt, um essbare Zuckerspitze herzustellen. Dafür Eiweißspritzglasur (Icing) mit einem Teigschaber (6.) in die Form streichen und im Ofen bei geringer Hitze fest werden lassen.

2. **Baumstrukturmatte:** um Holzoptik auf Fondant zu prägen.

3. **Silikonform Brosche:** Mit speziellen Silikonformen, hier eine Broschenform mit Silhouette, können relativ einfach außergewöhnliche, detailreiche Figuren und Formen gestaltet werden.

6

4. **Spritztülle mit Adapter:** Will man Eiweißspritzglasur als Randverzierung aufspritzen, benötigt man einen Gefrierbeutel, dem man unten eine kleine Ecke abschneidet, eine Lochtülle (hier: 2,5 mm Durchmesser) und einen dazugehörigen Adapter.

5. **essbares Blattgold:** kann mithilfe eines Pinsels oder einer Messerspitze auf einer Torte angebracht werden, um etwa eine antike Optik zu erhalten. Man bekommt es in vielen Tortenshops in Form von kleinen Büchlein, in denen es zwischen Folien aufgebracht ist. Essbares Blattgold wird als Lebensmittelfarbstoff E 175 in den Verkehr gebracht. Es ist nicht als Lebensmittel für den alltäglichen Verzehr gedacht, sondern dient als (essbare) Verzierung.

6. **Teigschaber:** siehe Seite 14.

7. **Lebensmittelspray:** Damit erzielt man Glanzeffekte auf Torten. Es gibt die Sprays in Gold, Silber, Perlmutt, aber auch transparentes Glanzspray, damit beispielsweise „Leder" realer aussieht.

8. **Schablonen für die Stencil-Technik:** Damit kann eine Struktur oder ein Muster auf der Torte angebracht werden. Man befestigt sie mit Stecknadeln auf der Torte und malt das entsprechende Muster dann aus oder füllt es mit Icing aus.

9. **Oblatenpapier:** Auf Oblatenpapier kann man mit einem Lebensmitteldrucker und Lebensmitteltinte Bilder ausdrucken. Oder man zeichnet direkt mit Lebensmittel-Pastenfarben oder Lebensmittelstiften darauf.

10. **Tasse, Unterteller:** reale Gegenstände für die Form oder als Anschauungsgegenstand verwenden.

11. **Raspelschokolade:** Sie kann als essbare Erde auf Torten eingesetzt werden.

12. **weiße Candy Melts:** Damit kann man auf eine (schwarze) Torte malen und schreiben und erhält so eine Kreideoptik. Diese Technik wird beim Chalk Cake benutzt.

13. **Zuckerdiamanten:** zur Dekoration von Torten.

14. **Stecknadel und Satinbänder:** Satinbänder werden für einen perfekten Abschluss einer Torte verwendet, wenn es mal schnell gehen soll. Sie werden dann mit einer Stecknadel festgesteckt.

15. **Cake-Frame-Gestell:** Für den Gravity Cake wird ein Gestell benötigt, damit die Milch aus dem Kännchen fließen kann. Ich verwende hier einen Aufbau aus Kunststoff (Set von der Firma Cake Frame). Alternativ kann aus dem Baumarkt eine Holzplatte verwendet werden, an die man einen Stab schraubt. Der Stab sollte ca. 25 cm hoch sein.

Techniken

Jetzt zeige ich euch, wie man mit der Basis jeder Torte, also dem Kuchen unter der Dekoration, umgeht und wie man den Kuchen mit Fondant richtig eindeckt. Zuerst muss der Kuchen „fondanttauglich" gemacht werden. Schritt für Schritt nähern wir uns dem Thema.

Kuchen durchschneiden

Will man einen Biskuit mit Creme füllen, muss man zuerst den ganz ausgekühlten Kuchen durchschneiden, damit man mehrere Böden erhält. Entweder kauft man dafür ein spezielles Gerät (Kuchenschneidhilfe-Set oder Tortenbodenschneider) oder man verwendet Zwirn aus dem Nähkästchen; auch damit kann man gleichmäßige Böden schneiden.

Ca. 1 cm vom oberen Rand den Kuchen mit einem Messer rundum einritzen. Dann 1 cm unterhalb dieser Markierung (ungefähr in der Mitte des Kuchens) noch einmal rundum einritzen sowie 1 cm oberhalb vom Boden.

1

Videotipp

Kuchen durchschneiden leicht gemacht

Tipp

Ist der Kuchen nicht hoch genug, den Kuchen nur zweimal durchschneiden!

Den Zwirn zuerst rundum in die obere eingeritzte Öffnung legen, ein Ende festhalten und das andere anziehen; so zieht man den Zwirn durch den Kuchen. Das Gleiche an den unteren Einkerbungen wiederholen.

2

Tortenböden füllen

Nachdem die Böden durchgeschnitten wurden, kann der Biskuit mit der gewünschten Creme gefüllt werden.

1

Die Creme mit einem Löffel auf dem unteren Boden gleichmäßig verteilen.

2

3

Dann den zweiten Boden aufsetzen.

Dieser wird ebenfalls mit Creme bestrichen. Dann wird der dritte Boden aufgesetzt und mit Creme bestrichen.

4

Zum Schluss den Deckel, also den letzten Boden, aufsetzen. Wichtig ist, dass die Creme zwischen den Böden nicht zu hoch wird und auch nicht bis ganz zum Rand gestrichen wird, da sonst die Gefahr besteht, dass sie durch das Gewicht der Dekoration herausquillt.

5

Den gefüllten Kuchen für 30 Minuten in den Kühlschrank stellen, damit die Creme schön fest wird.

Tipp

Zum Füllen eignet sich Biskuit sehr gut, ein Rührkuchen dagegen nicht.

Einganachieren

Als Füllungen habe ich euch auch zwei Cremerezepte vorgestellt, die auf einer Joghurt-Sahne- bzw. Quark-Sahne-Basis beruhen. Man liest aber oft in Internetforen, dass lediglich Buttercreme oder Ganache als Füllung für Fondanttorten geeignet seien, da diese weniger feucht sind als viele Sahnefüllungen und so die Gefahr, dass der Fondant sich auflöst, geringer ist.

Um zu vermeiden, dass feuchtere Füllungen den Kuchen und die ganze Torte durchweichen, zeige ich euch, wie man einen Schutz erhält, damit der Fondant nicht mit der Creme in Berührung kommt. Und so muss niemand auf die leckere Creme verzichten!

Im Rezeptteil habe ich euch schon gezeigt, dass ich Schokoladenganache verwende, um so einen Schutz zu erhalten. Mit der Ganache wird der gefüllte Kuchen rundum einganachiert, also eingestrichen. Außerdem benötigt man Ganache bei einfachen Rührkuchen, damit der Fondant am Kuchen haften bleibt und um eine glatte und ebene Basis zu schaffen.

Zuerst den Rand des Kuchens einganachieren, also die Ganache mit dem Teigschaber auftragen, glatt ziehen und überschüssige Schokolade entfernen.

1

Danach folgt der Deckel des Kuchens.

2

Den Kuchen für ca. 30 Minuten in den Kühlschrank stellen, bis die Ganache fest ist.

3

Bei einem Kuchen mit Füllung sollte das Ganze danach noch einmal wiederholt werden, bei einem Rührkuchen gleich mit dem nächsten Schritt, dem Eindecken, weitermachen.

Tipp

Will man mehrstöckige Torten herstellen, sollten die Kuchen schon vor dem Einganachieren auf eine passende Cake Card gesetzt werden.

Fondant einfärben

Bevor wir den Kuchen mit Fondant eindecken, also überziehen können, muss der zunächst eingefärbt werden. Dafür nehmen wir Lebensmittelfarben mit Pasten- oder Gelkonsistenz.

1

Mit einem Zahnstocher oder einem Spatel die gewünschte Farbe auf den Fondant streichen. Hier braucht man meist wirklich nur wenig Farbe!

2

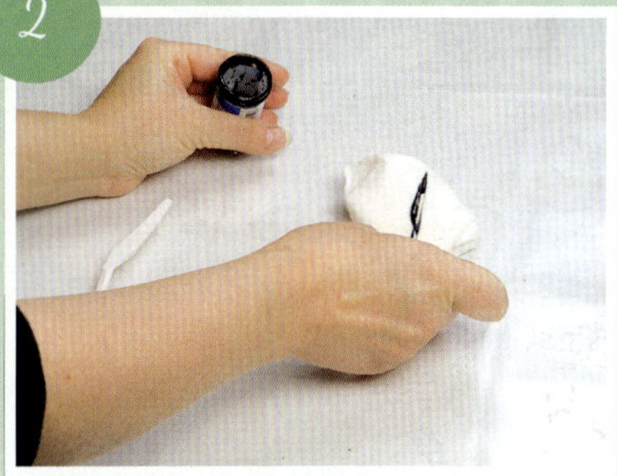

Es reicht, mit dem Zahnstocher in die Paste einzutauchen und den Zahnstocher auf dem Fondant abzustreichen.

3

4

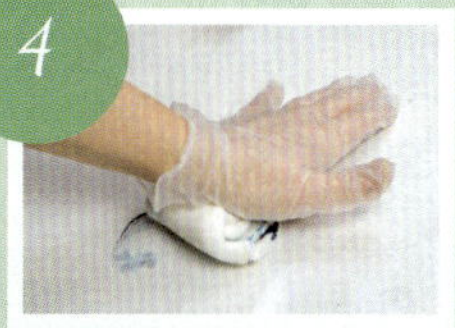

Mit dem Handballen die Farbe einkneten. Dabei Handschuhe tragen.

Knetet man dabei immer in die gleiche Richtung, …

5

… kann man ein Marmormuster im Fondant erhalten:

6

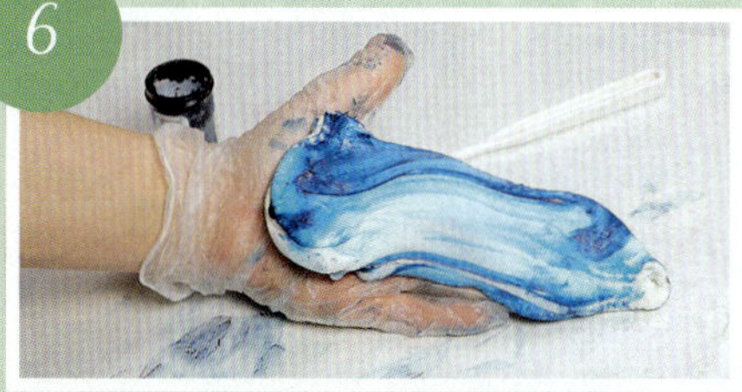

Sonst den Fondant durchkneten, bis man ein gleichmäßiges Farbergebnis erreicht:

7

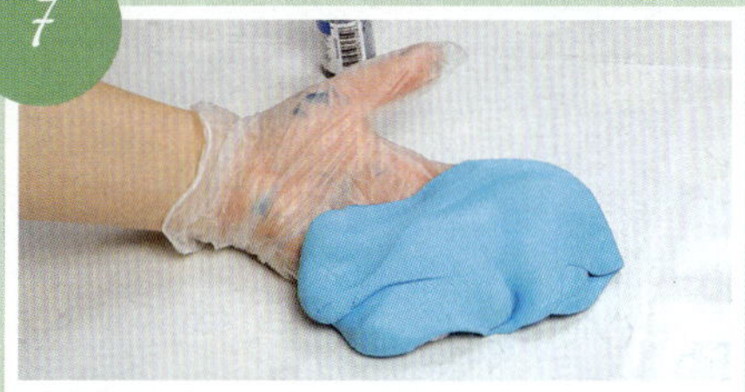

Tipp

Sind dunkle und intensive Farben erwünscht, etwas mehr Paste mit einem Spatel oder Messer auftragen.

Eindecken

Und jetzt sind wir so weit, dass wir den Kuchen mit Fondant eindecken. Das möchte ich euch für einen runden und einen eckigen Kuchen zeigen.

RUNDER KUCHEN

Den Rollfondant mit dem Nudelholz auf der Backmatte rund und ca. 5 mm dick ausrollen. Der Durchmesser muss so groß sein, dass die Fläche die Oberseite und die Ränder des Kuchens vollständig bedeckt. Anfängern rate ich dazu, den Rollfondant lieber ein wenig dicker auszurollen, um erstmal ein Gefühl für diese Zuckermasse zu bekommen.

1

Ist man sich nicht sicher, ob der Fondant schon groß genug ausgerollt ist, am besten mit einem Lineal nachmessen. Es sollen ca. 3 cm mehr eingerechnet werden, damit noch etwas Spielraum ist, wenn man das Ganze über den Kuchen legt.

2

Variante 1 zum Eindecken: Den Fondant auf das Nudelholz wickeln und über den Kuchen legen. Achtung – bei der Methode besteht Reißgefahr!

3

Oder Variante 2, die gelingsicher ist: Man nimmt den Fondant mit der Unterlage, also mit der Backmatte, hoch und legt ihn mittig über den vorbereiteten Kuchen.

4

Den Fondant noch nicht andrücken, sondern erst vorsichtig an den Rändern rundum von der Matte lösen und dann die Matte langsam in eine Richtung abziehen, sodass sich der Fondant von allein ablöst.

5

Danach den Fondant an der oberen Kante des Kuchens behutsam nach außen ziehen und dann erst an den Kuchenrand drücken, damit keine Falten entstehen.

6

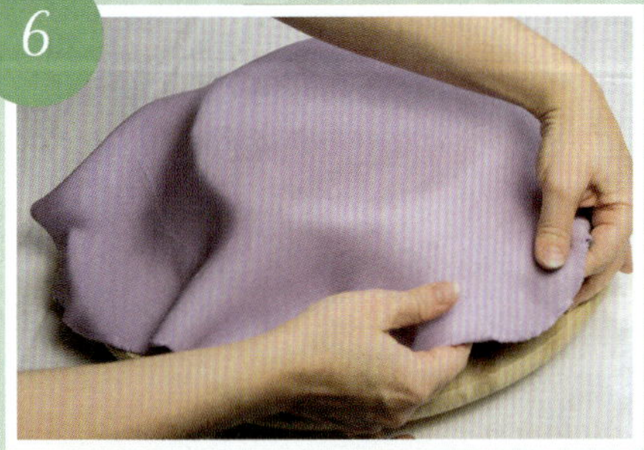

Den Fondant rundum andrücken, indem man mit der ganzen Handfläche am Rand entlangstreicht. Dabei den Fondant immer wieder vorsichtig anziehen, falls sich beim Andrücken Falten bilden.

7

Dann den überschüssigen Fondant mit einem Messer am unteren Kuchenrand entlang abschneiden …

8

… und entfernen.

9

Unebenheiten beseitigt man mit dem Glätter. Diesen dafür mit etwas Druck über die Torte streichen. Den Glätter dabei nie ganz gerade auf den Fondant setzen, damit er nicht kleben bleibt, sondern immer leicht gekippt auf der Oberfläche halten.

10

Videotipp

Kuchen eindecken leicht gemacht

ECKIGER KUCHEN

Den Rollfondant mit dem Nudelholz auf der Backmatte ca. 5 mm dick und rechteckig ausrollen. Die Seiten müssen so lang sein, dass die Fläche Oberseite und Ränder des Kuchens vollständig bedeckt. Ist man sich unsicher, am besten mit einem Lineal nachmessen. Auch hier sollte man ca. 3 cm mehr einrechnen.

1

Die Matte mit dem Fondant hochnehmen und mittig über den Kuchen legen. Oder man wickelt den Fondant mit dem Nudelholz auf und hebt ihn so über den Kuchen. Achtung – bei dieser Methode besteht Reißgefahr!

2

Zuerst den Fondant vorsichtig an den Rändern rundherum von der Matte ablösen. Dann die Matte vorsichtig und langsam in eine Richtung abziehen, sodass sich der Fondant von allein ablöst.

3

Nun die erste Ecke vorsichtig mit der Handinnenfläche andrücken. Danach den Fondant an der oberen Kante des Kuchens leicht nach außen ziehen und dann erst andrücken, damit keine Falten entstehen. Den Fondant von Ecke zu Ecke andrücken, indem man mit der ganzen Handfläche am Rand entlangstreicht. Dabei den Fondant immer wieder vorsichtig anziehen, falls sich beim Andrücken Falten bilden.

4

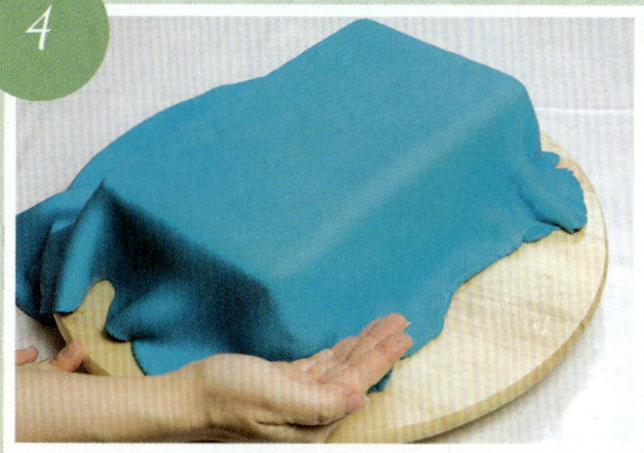

Überschüssigen Fondant am unteren Kuchenrand abschneiden. Mit dem Glätter Unebenheiten beseitigen.

5

TOPSY-TURVY-KUCHEN

Den Rollfondant mit dem Nudelholz auf der Backmatte rund und ca. 5 mm dick ausrollen. Der Durchmesser muss so groß sein, dass die Fläche die Oberseite und alle Ränder des Kuchens vollständig bedeckt. Da wir hier noch etwas mehr Fondant für die Auskerbung nach innen brauchen, kann man gut 5 cm mehr ausrollen. Dann den Fondant mit der Backmatte mittig über den Kuchen heben.

1

Den Fondant vorsichtig von der Matte lösen; dabei unbedingt darauf achten, dass in der Mitte viel Fondant abgelöst wird, damit man auch die Vertiefung auskleiden kann. Beim Eindrücken ganz vorsichtig vorgehen, damit der Fondant nicht reißt.

2

Videotipp

Topsy Turvy eindecken leicht gemacht

3

Den Fondant rundum andrücken, indem man mit der ganzen Handfläche am Rand entlangstreicht. Dabei den Fondant immer wieder vorsichtig anziehen, falls sich Falten bilden.

Den überschüssigen Fondant am unteren Rand des Kuchens abschneiden und entfernen …

4

… und zum Schluss Unebenheiten mit dem Glätter beseitigen.

5

Mein Tipp: Sollte der Fondant innen reißen, das Loch mit etwas Fondant flicken!

6

CAKE BOARD

Mit dem Cake Board kann man eine Torte transportieren oder sie schön präsentieren. Bei der Handtasche oder der Sektflasche beispielsweise habe ich eins benutzt, damit ich weitere Accessoires dazulegen konnte.

Um das Cake Board einzudecken, Rollfondant auf der Backmatte rund ausrollen. Die Fläche muss Cake Board und Rand bedecken.

1

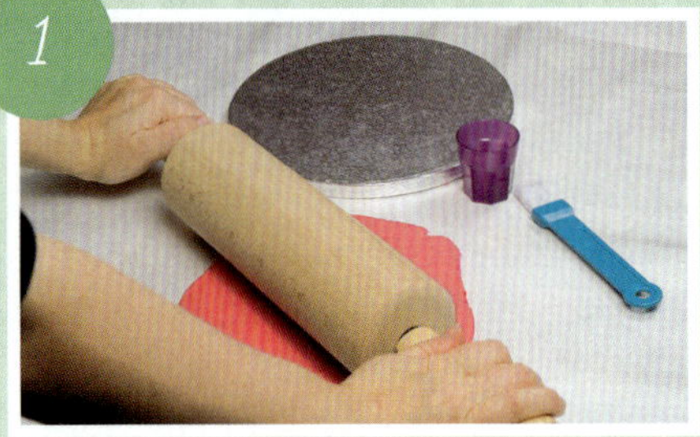

Bevor das Cake Board eingedeckt werden kann, muss es befeuchtet werden. Dafür etwas Wasser mit einem Pinsel daraufpinseln.

2

Dann den Fondant mit der Unterlage oder mithilfe des Nudelholzes auf das Cake Board legen, …

3

… von der Matte lösen und den Rand rundherum andrücken. Vorsicht: Keine Fingerabdrücke hinterlassen!

4

Anschließend den Fondant glätten.

5

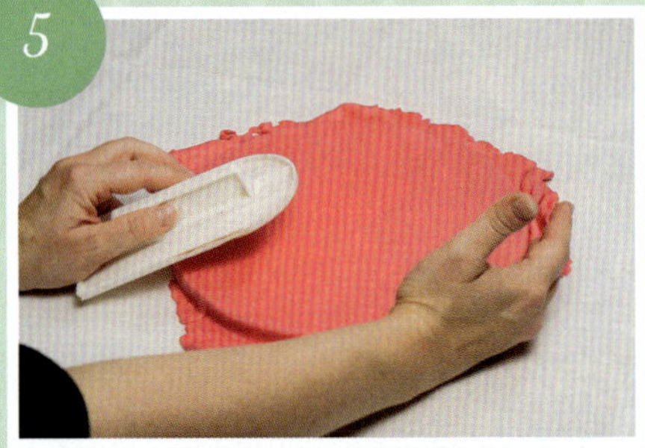

Danach überschüssigen Fondant mit dem Messer oder Modellierwerkzeug am unteren Rand abschneiden.

6

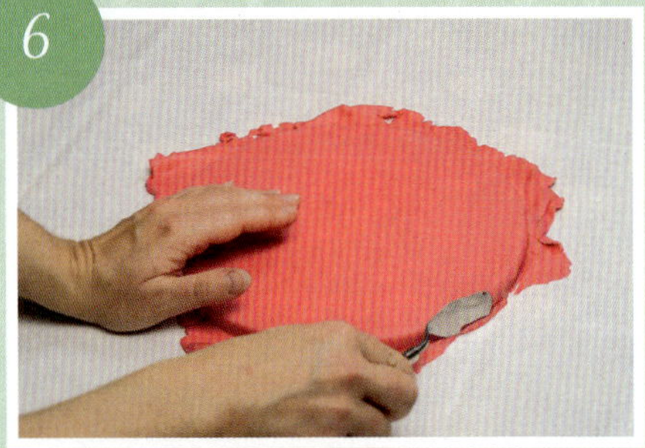

7

Tipp

Den Rand kann man noch mit einem Satinband „aufhübschen". Das wird dann an den Enden mit einer Stecknadel am Board befestigt.

Torten stapeln

Will man mehrere Kuchen aufeinanderstapeln, muss man für Stabilität sorgen. So halten die Kuchen dann aufeinander und stehen sicher, außerdem wird bei gefüllten Torten die Creme durch das Gewicht nicht herausgedrückt.

Um mehrstöckige Torten herzustellen, braucht man folgendes Werkzeug: Bambusstäbe, Gartenschere, Schmirgelpapier, Zahnstocher oder Kohlebleistift und Platten in der Größe der oberen Kuchen. Außerdem benötigt man Eiweißspritzglasur (Icing) und ein Messer oder ein passendes Modellierwerkzeug zum Auftragen.

1

Als Platten verwende ich am liebsten Cake Cards. Eine Alternative sind Tortenkartons, die man zuschneidet und mit Alufolie umhüllt. Sie sollten allerdings möglichst fest sein, damit alles hält und die Füllung der unteren Tortenböden nicht herausgedrückt wird.

Zuerst legt man die (gegebenenfalls größere) Cake Card mittig auf das untere Stockwerk und zeichnet mit einem Zahnstocher den Rand ein. Dafür könnt ihr auch einen Kohlebleistift verwenden, da der lebensmittelecht ist.

2

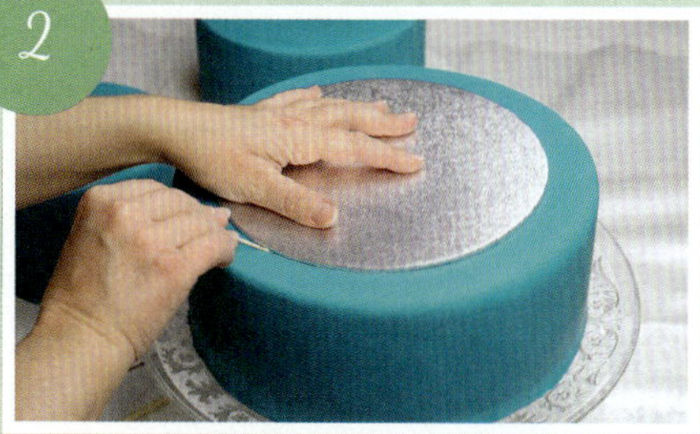

Auf den Stäben sitzt später die Tortenplatte und das ganze Gewicht der Torte. Deswegen benötigt man (bei einer dreistöckigen Torte) neun Bambusstäbe, einen in der Mitte, die anderen außen herum. Den ersten Stab in die Mitte des Kuchens ganz hineinstecken. Herausnehmen und dort, wo er aus dem Kuchen kommt, mit einer Gartenschere abschneiden.

3

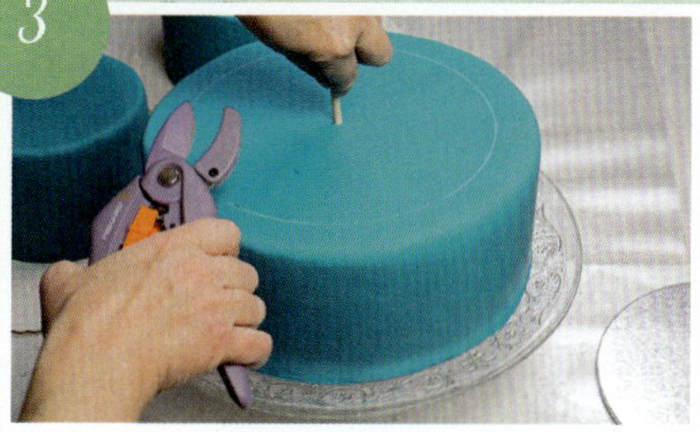

Tipp

Beim Anfertigen von mehrstöckigen Torten die Cake Cards am besten immer zweimal besorgen. Eine Cake Card kommt schon vor dem Einganachieren unter den Kuchen, die andere wird zum Kennzeichnen beim Stapeln benötigt!

Die abgeschnittenen Enden des Stabes abschmirgeln.

4

Für das unterste Stockwerk weitere acht Stäbe in der gleichen Höhe anfertigen. Einen Stab in die Mitte, die restlichen in regelmäßigen Abständen an der inneren Markierung für die Cake Card entlang in die Torte stecken.

5

Die Mitte des Kuchens mit Eiweißspritzglasur (Icing) einstreichen, damit die Cake Card darauf kleben bleibt.

6

Das zweite Stockwerk vorsichtig auf den vorbereiteten Kuchen setzen. Mit weiteren Stockwerken diese Schritte wiederholen.

7

Tipp

Bei höheren Torten sollte man noch einen Bambusstab von ganz oben nach unten durchstecken, damit die Torte stabil ist; notfalls ganz vorsichtig mit einem Hammer hineinschlagen. Die Platten brauchen dann natürlich etwas neben der Mitte jeweils passende Löcher, die dann auch genau übereinanderliegen. Und das erfordert Übung!

Tipps und Tricks

Planung

Für eine Motivtorte sollte man immer viel Zeit einrechnen, denn solche Torten sind aufwendig und können in den meisten Fällen nicht an einem einzigen Tag entstehen. Daher ist im Vorfeld eine sorgfältige Planung ausgesprochen wichtig.

Der Kuchen muss, bevor man ihn füllt und einganachiert, vollständig ausgekühlt sein. Das bedeutet, dass man ihn am besten schon einen Tag vor dem eigentlichen Dekorieren backt.

Auch die meisten Dekorationselemente wie Figuren, Blüten oder Blätterranken benötigen Zeit zum Trocknen, bevor man sie zusammenfügt oder auf die Torte setzt. Dabei sollte man immer bedenken, dass Fondant eine recht weiche Zuckermasse ist, bei der die physikalische Schwerkraft ebenfalls zuschlägt. Ein gutes Beispiel ist etwa eine Schleife, wie wir sie für die Adventskranztorte ab Seite 86 benötigen. Ihre Schlingen sollten deshalb mit zusammengerollten Taschentüchern ausgelegt werden, damit sie ihre Form behalten.

Sollen Figuren, Blüten oder andere Gegenstände in möglichst kurzer Zeit austrocknen, sollte man am besten Blütenpaste verwenden. Die wird dann allerdings auch richtig hart und kann nicht mehr richtig mitgegessen werden.

IDEAL GEPLANT GEHT MAN SO VOR:

- Tag 1: Den gewünschten Kuchen backen;
- Tag 2: den vorbereiteten Kuchen durchschneiden, füllen, einganachieren;
- Tag 3: die Torte dekorieren.

Risse flicken

Entstehen beim Eindecken kleine Risse im Fondant, drückt man ihn an diesen Stellen mit den Fingern zusammen. So werden die Löcher nicht größer.

Kleinere Risse kann man auch mit einem Tropfen Wasser oder klarem hochprozentigem Alkohol schließen. Dafür einen Finger in Wasser oder Alkohol tauchen und damit vorsichtig über den Riss streichen, um die entstandene Pore zu schließen.

Luftblasen entfernen

Bildet sich nach dem Glätten des Fondants auf der Torte eine Luftblase, entfernt man diese am besten mithilfe einer Stecknadel. Die Nadel in die Luftblase stechen und mit den Fingern die Luft darin vorsichtig herausdrücken.

Flecken entfernen

Gibt es von Ganache, Lebensmittelfarbe oder Zuckerkleber Flecken auf der Torte, …

… kann man genau an dieser Stelle natürlich eine Dekoration anbringen, um diesen zu verdecken. Oder man entfernt diesen Fleck mit etwas klarem hochprozentigem Alkohol. Etwas davon dann auf ein Taschentuch träufeln, vorsichtig über den Fleck reiben und dann trocknen lassen.

Stabilisieren von Figuren

Figuren sollten erstmal in sich selbst stabil sein. Das kann beispielsweise zwischen Kopf und Rumpf mit einem Zahnstocher oder einer rohen Spaghetti erfolgen. Die Spaghetti dafür in Zuckerkleber tauchen und mit sehr kleinen drehenden Bewegungen in den Körper stecken. Sie sollte nicht einfach hineingedrückt werden, dabei würde man den Fondant zusammendrücken. Den oberen Teil der Spaghetti ebenfalls mit Kleber einstreichen und den Kopf auf die gleiche Weise aufsetzen.

Damit eine Figur auf der Torte auch fest sitzt, sollte sie mit einer Spaghetti darauf festgesteckt werden. Auch hier die Nudel mit Zuckerkleber versehen, vorsichtig in die Figur drehen und dann in die Torte stecken. So übersteht sie sogar eine längere Autofahrt.

Fondant und Figuren aus Fondant aufbewahren

Dekorationen aus Fondant lassen sich super aufheben, denn Fondant trocknet an der Luft aus. Soll Fondant aber verarbeitet werden, ist dieser Effekt ja unerwünscht. Er sollte luftdicht verpackt gelagert werden, so bleibt er weich. Dafür beispielsweise Frischhaltefolie verwenden.

Aufbewahrung einer Torte im Kühlschrank

Eine Fondanttorte kann man im Kühlschrank lagern. Und gerade im Sommer sollte man das mit Torten mit einer Cremefüllung auch tun. Allerdings zieht Fondant im Kühlschrank Feuchtigkeit an und auf diese Weise entsteht ein wässriger Film auf der Torte. Um das zu vermeiden, stellt man eine kleine Schale mit Salz daneben. Salz ist hygroskopischer, das bedeutet, es zieht die Feuchtigkeit stärker an und lenkt sie somit vom Zucker im Fondant ab.

Biskuit, Rührkuchen oder Ganache lassen sich einfrieren. Sogar eine eigentlich schon fertig dekorierte Torte kann man einfrieren. Dafür sollte die Dekoration vorher aber abgenommen und erst nach dem Auftauen wieder daraufgesetzt werden. Die Torte selbst dann locker mit Frischhaltefolie einpacken und in einen Tortencontainer setzen. Hat man eine ganze Fondanttorte mit der Dekoration eingefroren, muss sie langsam, also am besten im Kühlschrank, auftauen.

You are my sunshine, my only sunshine

Schwierigkeitsgrad

ZUTATEN FÜR EINE TORTE

Tortenbasis: je eine runde Torte mit 25 cm Durchmesser (Grundrezept 1,5 x), 20 cm Durchmesser (Grundrezept 1 x), 15 cm Durchmesser (Grundrezept 0,5 x)

Zum Eindecken der Tortenbasis: große Torte eingedeckt mit 750 g, mittlere Torte eingedeckt mit 500 g, kleine Torte eingedeckt mit 300 g türkisfarbenem Rollfondant

Blütenpaste: Gelb 100 g

Außerdem: Eiweißspritzglasur (Icing; Grundrezept 1 x)

ARBEITSMATERIAL

Rollstab, Rosenausstecher in zwei verschiedenen Größen (ca. 8 cm und 10 cm Durchmesser), Messer oder Modellierwerkzeug zum Schneiden, Foam Pad, Ball Tool, flache Schalen zum Trocknen der Blüten (ca. 8 cm Durchmesser) oder Alufolie, Pinsel, zwei runde Cake Cards mit 20 cm und 15 cm Durchmesser, Zahnstocher, 18 Bambusstäbe, Gartenschere, Schmirgelpapier, zwei Stencil-Schablonen aus Kunststoff, Stecknadeln, Teigschaber, Pinzette Zuckerkleber, perlmuttfarbene Zuckerperlen, Eiweißspritzglasur (Icing)

Dekozeit: 5 Std. zzgl. 12 Std. Trockenzeit

Tipp

Stencil-Schablonen aus Kunststoff erhält man in Tortenshops, aber teilweise auch im Baumarkt. Sie sind nicht nur mit Icing verwendbar, damit kann man auch Muster mit Lebensmittelfarben oder Lebensmittelsprays auf Torten aufbringen.

1

Für eine Blüte ca. 25 g Blütenpaste dünn ausrollen.

2

Daraus zwei unterschiedlich große Rosenblüten ausstechen. Die Ausstecher fest andrücken und etwas hin- und herwackeln, damit die Fransen an den Rändern abgerieben werden.

3

Mit einem Messer oder dem Modellierwerkzeug zum Schneiden zuerst die größere Blüte vorsichtig von der Arbeitsfläche lösen und auf das Foam Pad legen.

4

Mit dem Ball Tool den äußeren Blütenrand rundherum ausdünnen. So erhält sie einen welligen Rand und eine natürliche Form.

5

Diese Blüte so in eine flache Schale legen, dass sie kelchartig trocknen kann. Als Alternative zu der Schale kann man passende Ringe aus Alufolie bauen.

6

Die zweite, die kleinere Blüte nach dem gleichen Prinzip mit dem Ball Tool ausdünnen.

7

Die größere Blüte in der Mitte und am äußeren Rand mit Zuckerkleber bestreichen und die kleinere Blüte überlappend daraufsetzen und leicht andrücken. Auf die gleiche Weise drei weitere Blüten herstellen.

8

In die Mitte der Blüten mit einem Pinsel jeweils etwas Zuckerkleber auftragen und einige perlmuttfarbene Zuckerperlen darin befestigen. Dann die Blüten ca. 12 Stunden trocknen lassen.

9

Zum Stapeln der Torte werden die beiden runden Cake Cards, ein Zahnstocher, Bambusstäbe, eine Gartenschere, Schmirgelpapier, etwas Eiweißspritzglasur (Icing) und ein Messer oder Modellierwerkzeug zum Auftragen benötigt.

10

Zuerst wird die größere Cake Card mittig auf das untere, das größte Stockwerk gelegt. Mit dem Zahnstocher zeichnet man den Rand ein und nimmt dann die Cake Card wieder vom Kuchen.

11

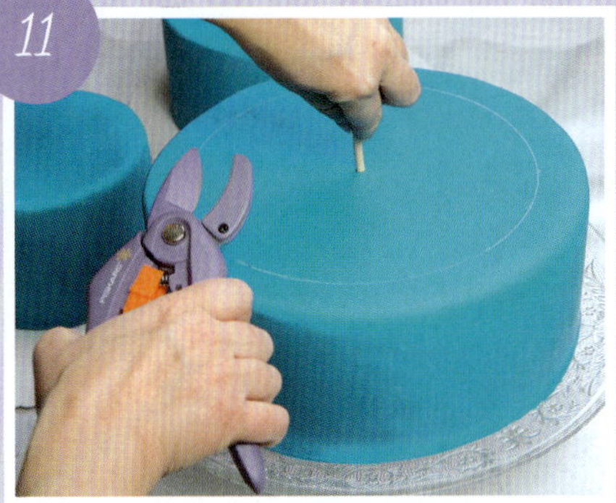

Den ersten Bambusstab in die Mitte des Kuchens stecken. Den Stab wieder herausnehmen und an der Stelle, an der er aus dem Kuchen kommt, mit einer Gartenschere abschneiden.

12

Die abgeschnittenen Enden abschmirgeln.

13

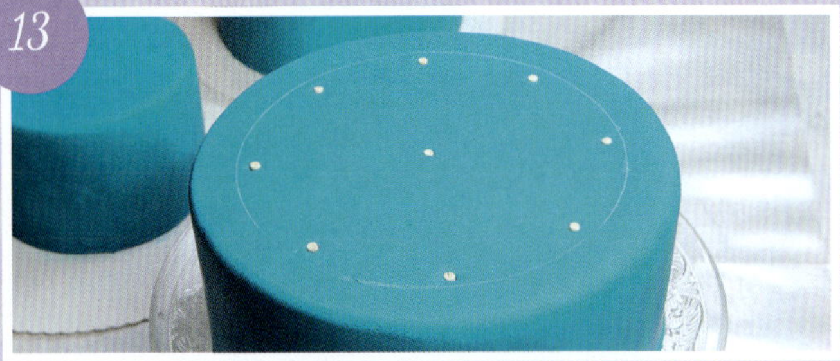

Für das unterste Stockwerk weitere acht Stäbe in der gleichen Höhe anfertigen. Den ersten Stab in die Mitte des Kuchens stecken, die restlichen in regelmäßigen Abständen am inneren Rand der Markierung für die Cake Card entlang.

14

Die Mitte des Kuchens mit Eiweißspritzglasur (Icing) einstreichen, damit die Cake Card später auch darauf kleben bleibt. Das mittlere Tortenstockwerk mit der passenden Cake Card vorsichtig daraufsetzen.

15

Für das mittlere Stockwerk die Schritte zum Stapeln wiederholen und das letzte Stockwerk aufsetzen.

16

Um einen gemusterten Stencil-Rand zu erhalten, werden passende Stencil-Schablonen aus Kunststoff, Stecknadeln, Eiweißspritzglasur (Icing) und ein Teigschaber benötigt.

Tipp

Der Fondant, mit dem die Torte eingedeckt wurde, sollte nicht mehr kleben oder feucht, sondern angetrocknet sein, sonst bekommt man die Schablone später schlecht ab und man erhält leicht Abdrücke auf der Torte!

17

Die Schablone um den Rand des unteren Kuchens legen und auf beiden Seiten mit je einer Stecknadel befestigen.

18

Die Eiweißspritzglasur auf den Teigschaber geben und damit über die Schablone streichen.

19

Die Masse gleichmäßig und durchgehend auf der Schablone auftragen.

20

Die Schablone vorsichtig abziehen und das Muster ca. 10 Minuten trocknen lassen, bevor man die Schablone daneben wieder ansetzt und den Vorgang wiederholt, bis das Muster rund um den ganzen Kuchen läuft.

21

Auf dem obersten Stockwerk auf die gleiche Weise eine weitere Schablone anbringen …

22

… und wie beschrieben mithilfe des Teigschabers mit Eiweißspritzglasur verzieren.

23

24

Oben mithilfe einer Pinzette zwei Zuckerperlen rechts und links neben dem Muster anbringen.

25

Zuletzt die Blüten entweder mit Zuckerkleber oder mit Eiweißspritzglasur (klebt super!) an der Torte befestigen.

Videotipp

Große Blüten modellieren leicht gemacht

STENCIL CAKE

Auf lila Wolken schweben

Schwierigkeitsgrad

ZUTATEN FÜR EINE TORTE

Tortenbasis: je eine runde Torte mit 25 cm Durchmesser (Grundrezept 1,5 x), 20 cm Durchmesser (Grundrezept 1 x), 15 cm Durchmesser (Grundrezept 0,5 x)

Zum Eindecken der Tortenbasis: große Torte eingedeckt mit 750 g, mittlere Torte eingedeckt mit 500 g, kleine Torte eingedeckt mit 300 g weißem Rollfondant

Modellierfondant: Weiß 250 g, Gelb 50 g, Dunkellila 300 g, Flieder 300 g

ARBEITSMATERIAL

Calla- oder Herzausstecher in verschiedenen Größen (Durchmesser beispielsweise 3 cm, 4 cm, 5 cm), Rollstab, Pinsel, Papiertaschentücher, Foam Pad, Ball Tool, tropfenförmiger oder runder Ausstecher (ca. 3 cm Durchmesser), zwei runde Cake Cards mit 20 cm und 15 cm Durchmesser, Zahnstocher, 18 Bambusstäbe, Gartenschere, Schmirgelpapier, Messer oder Modellierwerkzeug zum Schneiden, Randverzierungsausstecher, Lineal

Zuckerkleber, Eiweißspritzglasur (Icing)

Dekozeit: 7 Std. zzgl. 5 Std. Trockenzeit

Tipp

Wir verwenden hier etwas mehr Teig als gewöhnlich für die einzelnen Stockwerke; so werden sie höher und die Torte damit eleganter.

1

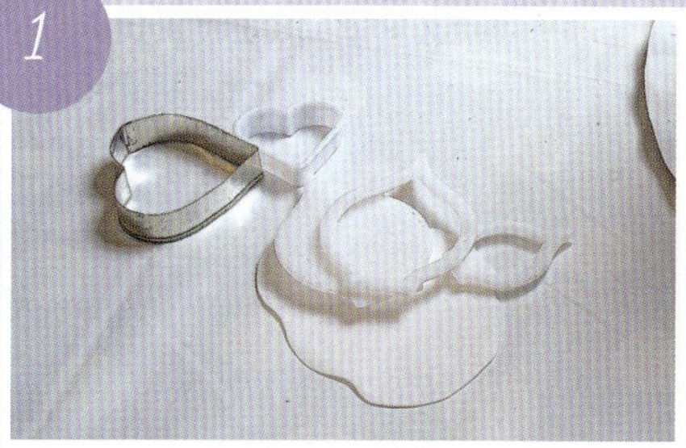

Für die Callas entweder Calla- oder Herzausstecher in verschiedenen Größen verwenden. Für die Blüten ca. 240 g weißen Modellierfondant dünn ausrollen.

2

Für die erste Blüte einen Ausstecher in den Modellierfondant drücken und aus dem umliegenden Fondant lösen.

3

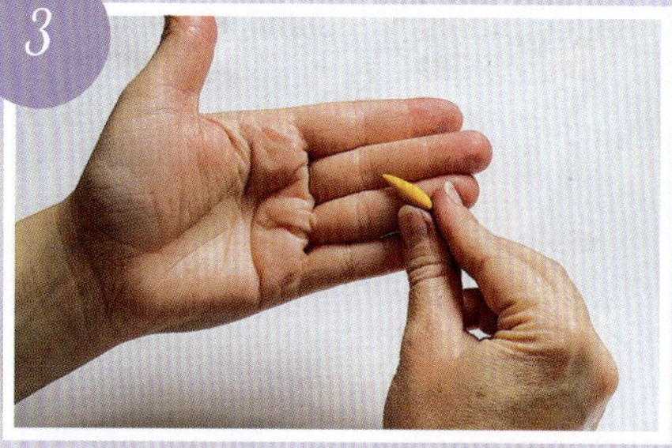

Den ersten Blütenstempel aus ca. 2 g gelbem Modellierfondant länglich rollen, sodass er auf einer Seite spitz zuläuft.

4

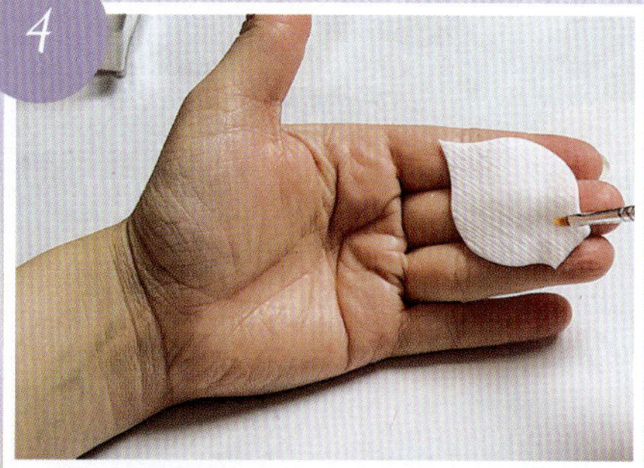

Das erste ausgestochene Blütenblatt jetzt am unteren, also am breiteren Rand mit ein wenig Zuckerkleber bestreichen.

5

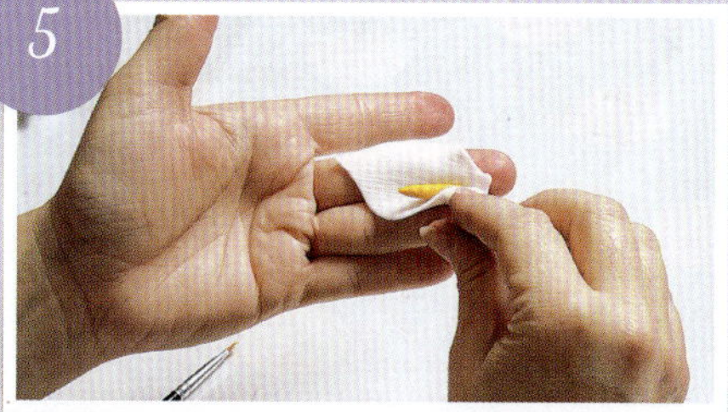

Den Stempel an den unteren Rand der Blüte legen; die Spitze zeigt nach oben. Die unteren breiten Enden zur Mitte hin darüberklappen. Auf diese Weise insgesamt ca. 25 Callas in verschiedenen Größen herstellen.

6

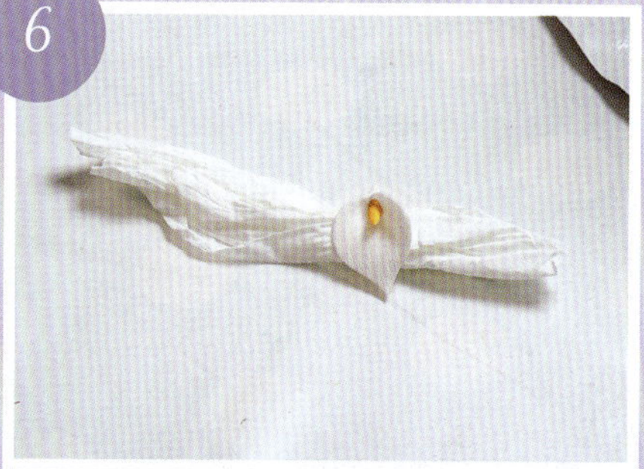

Die Blüten ca. 5 Stunden über zusammengerollten Taschentüchern trocknen lassen. Dabei die Spitzen für eine natürliche Form leicht nach unten biegen.

7

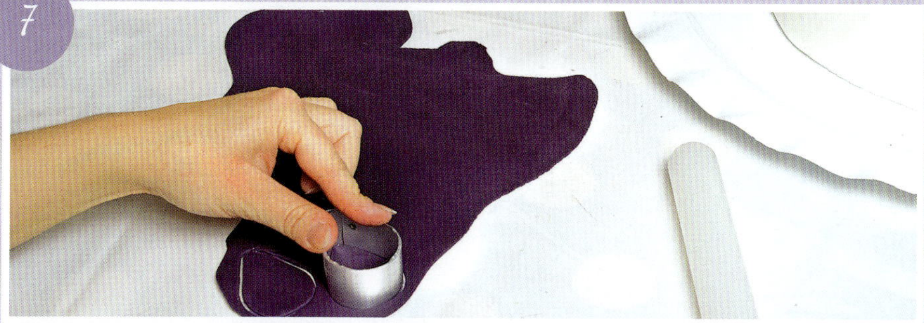

Zur Blütenblätterherstellung für die Tortenränder werden Foam Pad, Ball Tool, ein tropfenförmiger oder runder Ausstecher und zwei verschiedene Farbnuancen Modellierfondant (Dunkellila und Flieder) benötigt. Den dunklen Modellierfondant ca. 2 mm dünn ausrollen und für den unteren Kuchen mit dem Ausstecher insgesamt 70–80 Blätter ausstechen. Für eine Reihe werden 35–40 Blätter benötigt.

8

Die Blätter auf das Foam Pad legen und jedes Blatt mit dem Ball Tool an den Rändern rundherum ausdünnen. Dabei werden sie automatisch wellig und erhalten so eine natürliche Form.

9

Den Rand des unteren Tortenstockwerks rundherum mit Zuckerkleber einstreichen.

10

Die Blütenblätter am unteren Tortenrand nebeneinander aufkleben. Sie sollen dabei ein wenig überlappen, damit man den weißen Untergrund nicht mehr sieht.

11

Ist die erste Reihe Blätter komplett, darüber eine zweite Reihe anbringen. Sie soll leicht über der ersten liegen.

12

Für die nächsten beiden Reihen aus dem fliederfarbenen Modellierfondant auf die gleiche Weise genauso viele Blätter herstellen. Die erste Reihe am Tortenrand über den dunkleren Blättern anbringen; so entsteht ein sogenannter Ombre Look.

Tipp

Wer möchte, kann den sogenannten Ombre Look (Farbverlauf) auch mit mehreren Farbstufen machen oder ihn in den Regenbogenfarben gestalten.

13

Den äußeren Rand der Oberfläche dieses Kuchens mit Zuckerkleber einstreichen und die zweite Reihe fliederfarbener Blütenblätter darauf befestigen. Die Blätter sollen leicht über die untere Reihe ragen. Die Mitte des Kuchens wird frei gelassen, da die Kuchen noch aufeinandergestapelt werden.

14

Zum Stapeln der dreistöckigen Torte werden die beiden runden Cake Cards, ein Zahnstocher, Bambusstäbe, eine Gartenschere, Schmirgelpapier, etwas Eiweißspritzglasur (Icing) und ein Messer oder Modellierwerkzeug zum Auftragen benötigt.

15

Zuerst wird die größere Cake Card mittig auf das untere, das größte Stockwerk gelegt. Mit dem Zahnstocher zeichnet man den Rand ein. Anschließend die Cake Card wieder vom Kuchen nehmen.

16

Den ersten Bambusstab in die Mitte des Kuchens stecken. Den Stab wieder herausnehmen und an der Stelle, an der er aus dem Kuchen kommt, mit einer Gartenschere abschneiden. Die abgeschnittenen Enden abschmirgeln.

17

Für das unterste Stockwerk weitere acht Stäbe in der gleichen Höhe anfertigen. Den ersten Stab in die Mitte des Kuchens stecken, die restlichen in regelmäßigen Abständen am inneren Rand der Markierung für die Cake Card entlang.

18

Die Mitte dieses Kuchens mit Eiweißspritzglasur (Icing) einstreichen, damit die Cake Card darauf kleben bleibt.

19

Das mittlere Stockwerk mit Cake Card vorsichtig auf den vorbereiteten Kuchen setzen.

20

Für das mittlere Stockwerk die Schritte mit der kleinen Cake Card wiederholen und das letzte Stockwerk aufsetzen.

21

Aus dem übrigen dunkellila- und fliederfarbenen Fondant die Blütenblätter für das oberste Stockwerk auf die gleiche Weise wie zuvor herstellen und aufkleben. Für eine Reihe werden nun 25–30 Blütenblätter benötigt. Hier wird jetzt auch der obere Teil des Kuchens komplett mit Blütenblättern ausgelegt.

22

Für die Bordüre um das mittlere Stockwerk formt man zuerst aus dem übrigen weißen Modellierfondant einen 30 cm langen Strang und rollt diesen mit dem Rollstab flach aus. Den Randverzierungsausstecher auf den Fondant drücken.

23

Den Ausstecher abnehmen und die Bordüre 2 cm unter den Zacken mit einem Messer abschneiden. Dafür am besten ein Lineal verwenden.

24

25

Überschüssigen Fondant entfernen und die Seiten gerade schneiden. Den unteren Rand des mittleren Tortenstockwerks mit Zuckerkleber einstreichen.

26

Die Bordüre vorsichtig mit einem flachen Modellierwerkzeug von der Arbeitsfläche lösen.

27

Die Bordüre vorsichtig um die Torte kleben. Um eine geschlossene Bordüre zu erhalten eine oder bei Bedarf zwei weitere Bordüren auf die gleiche Weise herstellen und an der Torte anbringen. Die Übergänge zwischen den Bordüren verwischen.

28

Anschließend einen Teil der Callablüten mit Zuckerkleber an der Seite der Torte so befestigen, dass außen größere und innen kleinere Blüten liegen. Zuerst die größeren Blüten mit etwas Abstand zueinander ankleben, dann die kleineren hineinsetzen.

29

Die übrigen Blüten als Blumengesteck auf der Torte anbringen. Dafür die ersten Callas in einem Kreis mit etwas freier Fläche dazwischen aufkleben, die übrigen überlappend in die Lücken kleben.

30

Eine schöne Alternative: Die Torte sieht auch super mit insgesamt vier Stockwerken und anderen Blütenformen aus, beispielweise mit den geöffneten Rosen.

Videotipp

Callas modellieren leicht gemacht

Schmetterlinge im Bauch

Schwierigkeitsgrad

ZUTATEN FÜR EINE TORTE

Tortenbasis: je eine runde Torte mit 26 cm Durchmesser (Grundrezept 1,5 x), 18 cm Durchmesser (Grundrezept 1 x), 10 cm Durchmesser (Grundrezept 0,5 x)

Zum Eindecken der Tortenbasis: große Torte eingedeckt mit 750 g, mittlere Torte eingedeckt mit 500 g, kleine Torte eingedeckt mit 300 g fliederfarbenem Rollfondant

Blütenpaste: Lila 125 g, Weiß 60 g, Grün 35 g, Pflaume 10 g

Rollfondant: Weiß 10 g

Außerdem: Eiweißspritzglasur (Icing, Grundrezept 1 x)

ARBEITSMATERIAL

Rollstab, Rosenausstecher in zwei verschiedenen Größen (ca. 8 cm und 10 cm Durchmesser), Messer oder Modellierwerkzeug zum Schneiden, Foam Pad, Ball Tool, flache Schalen zum Trocknen der Blüten (ca. 8 cm Durchmesser), Pinsel, Cel Board, Efeublattausstecher mit Präger in drei verschiedenen Größen, grüner mit Papier ummantelter Floristendraht (Größe: 30 gauge), Floristenband, Hortensienausstecher mit passendem Silikonpräger, Schachtel mit kleinen Mulden zum Trocknen der Blüten, Papiertaschentücher, Petunienausstecher mit passendem Silikonpräger, langes Messer, zwei runde Cake Cards mit 18 cm und 10 cm Durchmesser, Teigschaber, Backmatte, Nudelholz, Glätter, 18 Bambusstäbe, Gartenschere, Schmirgelpapier, runde Lochtülle (2,5 mm) mit Adapter, kleiner Gefrierbeutel, Schere, Lebensmitteldrucker mit Lebensmitteltinte, Modellier-Skalpell; alternativ für die Schmetterlinge: Schmetterlingsausstecher, weißer mit Papier ummantelter Floristendraht (Größe: 30 gauge), sieben Strohhalme Zuckerkleber, perlmuttfarbene Zuckerperlen, Lebensmittel-Puderfarbe Lila, Ganache (Grundrezept 2 x), Oblatenpapier, bei Bedarf zusätzlich verschiedene Lebensmittel-Pastenfarben

Dekozeit: 8 Std. zzgl. 12 Std. Trockenzeit

1

Für eine große Rosenblüte ca. 25 g lilafarbene Blütenpaste mit dem Rollstab dünn ausrollen.

2

Daraus zwei unterschiedlich große Blüten ausstechen. Die Ausstecher fest andrücken und etwas hin- und herwackeln, damit die Fransen an den Rändern abgerieben werden.

3

Mit einem Messer oder Modellierwerkzeug zum Schneiden die Blüten vorsichtig von der Arbeitsfläche lösen und auf das Foam Pad legen. Mit dem Ball Tool den Rand der ersten Blüte rundherum ausdünnen. Die zweite Blüte nach dem gleichen Prinzip ausdünnen.

4

Die größere Blüte so in eine flache Schale legen, dass sie kelchartig trocknen kann. Die Blüte in der Mitte und am äußeren Rand mit Zuckerkleber bestreichen, die kleinere Blüte überlappend daraufsetzen und leicht andrücken.

5

In die Mitte der Blüte etwas Zuckerkleber geben und mehrere perlmuttfarbene Zuckerperlen darauf befestigen. Auf diese Weise insgesamt fünf lilafarbene und zwei weiße Blüten herstellen. Die Blüten ca. 12 Stunden trocknen lassen.

6

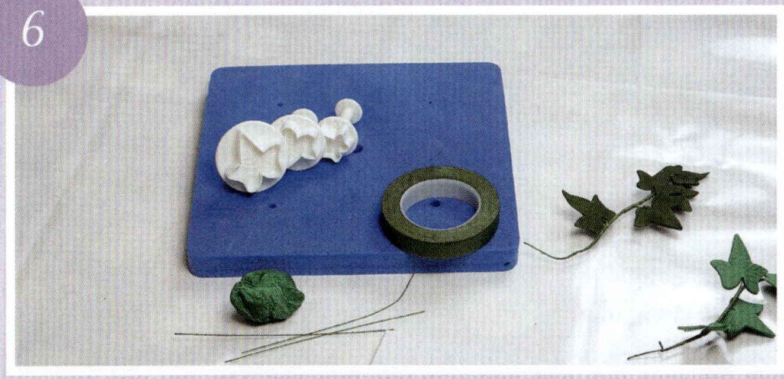

Zur Efeurankenherstellung werden grüne Blütenpaste, Cel Board, Efeublattausstecher mit Präger in verschiedenen Größen, Foam Pad, Ball Tool, grüner Floristendraht, Floristenband und Zuckerkleber benötigt.

7

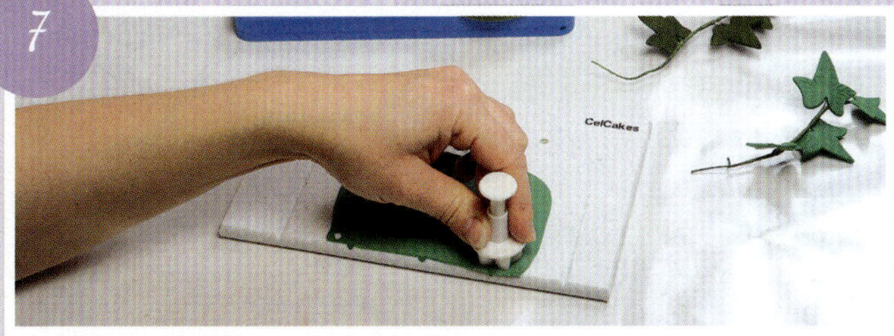

Für die Blätter aus der grünen Blütenpaste einen Strang rollen, auf das Cel Board legen und dünn ausrollen. Den ersten Ausstecher so ansetzen, dass eine Rille des Cel Boards der Länge nach in der Mitte des Ausstechers liegt. Das erste Blatt ausstechen und mit dem Präger Struktur einprägen. Auf diese Weise zwölf Efeublätter ausstechen.

8

Die überstehende Blütenpaste rund um die ausgestochenen Blätter ablösen. Die Efeublätter auf das Foam Pad legen und mit dem Ball Tool an den Rändern ausdünnen. Dabei werden sie leicht wellig und bekommen eine natürliche Form. Ein Stück Floristendraht in etwas Zuckerkleber tauchen.

9

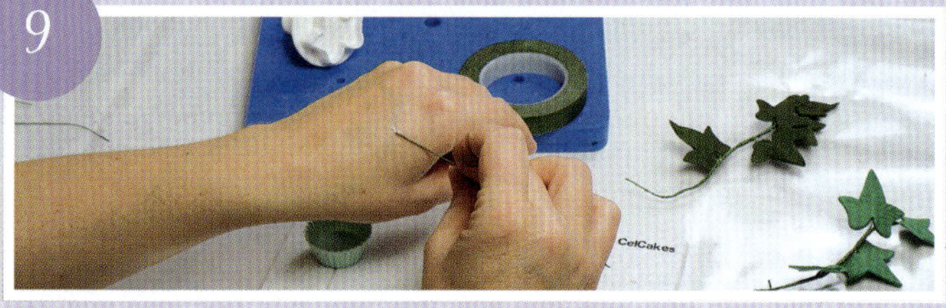

Den Kleber an der Hand abstreichen, damit nicht zu viel davon in das Blatt eingeführt wird. Das erste Blatt vom Cel Board lösen und den Draht vorsichtig in die Rille auf der Rückseite schieben. Mit den übrigen Blättern auf die gleiche Weise verfahren. Die Blätter ca. 12 Stunden trocknen lassen, damit sie nicht vom Draht rutschen.

10

Für die Hortensienblüten die übrige weiße Blütenpaste ausrollen und mit dem Hortensienausstecher sechs kleine Blüten ausstechen. Die Blüten mit der Unterseite nach oben auf das Foam Pad legen und ca. 2 Minuten antrocknen lassen. So bleiben sie danach nicht in der Silikonform kleben.

11

Die Blüten nacheinander in den passenden Silikonpräger legen und den Präger zusammendrücken, damit die Blüten eine natürliche Struktur und Form erhalten.

12

Die Blüten in eine Schachtel mit kleinen Mulden legen. Lilafarbene Puderfarbe auf ein Taschentuch geben und mit einem Pinsel aufnehmen. Die Blüten innen damit abpudern und anschließend 2–3 Stunden trocknen lassen.

13

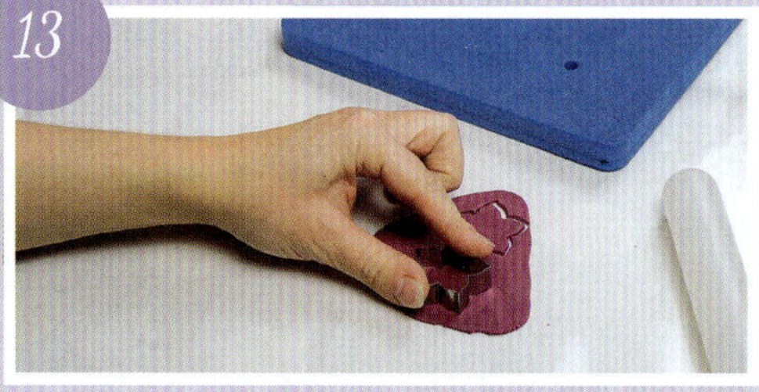

Für weitere Blümchen, für Petunien, die pflaumenfarbene Blütenpaste ausrollen und mit dem Petunienausstecher sechs kleine Blüten ausstechen. Diese ebenfalls kurz mit der Unterseite nach oben auf dem Foam Pad trocknen lassen.

14

Auch diese Blüten nacheinander in den Silikonpräger legen …

15

… und den Präger zusammendrücken, …

16

… damit die Blüten eine natürliche Struktur erhalten.

17

Auch diese Blüten in eine Schachtel mit Mulden geben. Dann in der Mitte jeder Blüte mit Zuckerkleber oder Eiweißspritzglasur eine Zuckerperle befestigen oder einen Tupfen Eiweißspritzglasur hineinspritzen.

18

Damit diese Torte ihre ausgefallene Form erhält, müssen die drei Kuchen zunächst schief zugeschnitten werden.

19

Als erstes das untere, das größte Stockwerk mit einem langen Messer schräg schneiden.

20

Die größere Cake Card in die Mitte des Kuchens legen und mit einem Messer rundum den Rand einritzen.

21

Mit dem langen Messer nun möglichst waagerecht in den eingeritzten Rand hineinschneiden, um die Mitte in einem Stück und mit einem waagerechten Boden herauszulösen.

22

Der Kuchen soll auf der flacheren Seite ca. 2 cm, an der höheren Seite ca. 6 cm tief ausgehöhlt sein, um danach das mittlere Stockwerk darin zu platzieren.

23

Den Kuchen mithilfe des Teigschabers außen …

24

… und auch innen einganachieren. ***Mein Tipp:*** An den abgeschnittenen Stellen sollte die Creme nicht zu fest sein, sonst krümelt der Kuchen sehr leicht. Bei Bedarf gibt man sie bei geringer Wattzahl nochmals kurz in die Mikrowelle.

25

Das ausgeschnittene Stück des unteren Stockwerks nun auf den mittleren Kuchen legen …

26

… und mit ein wenig Ganache ankleben. So erhält auch dieses Stockwerk eine schiefe Oberfläche.

27

Die kleine Cake Card in die Mitte des mittleren Kuchens legen, mit dem Messer rundum den Rand einritzen …

28

… und diesen Kuchen dort, genauso wie beim untersten Tortenstockwerk, aushöhlen.

29

Auch diesen Kuchen einganachieren.

30

Das ausgeschnittene Stück des mittleren Stockwerkes nun auf dem kleinsten Kuchen mit Ganache ankleben …

31

… und auch diesen Kuchen vollständig einganachieren. Die Ganache sollte in ca. 1 Stunde vollständig trocknen.

32

Den großen Kuchen auf eine Tortenplatte setzen. Für das unterste Tortenstockwerk 750 g fliederfarbenen Rollfondant auf einer Backmatte mit einem Nudelholz ausrollen. Den Fondant mit der Backmatte mittig über den Kuchen heben und langsam rundherum von der Matte lösen.

33

Wenn man den Fondant von der Matte löst, unbedingt darauf achten, dass in der Mitte viel Fondant abgelöst wird, damit man auch die Vertiefung auskleiden kann. Beim Eindrücken ganz behutsam vorgehen, damit die Zuckermasse nicht reißt. Den Fondant rundum vorsichtig andrücken.

34

Den überschüssigen Fondant am unteren Rand mit einem Messer oder Modellierwerkzeug abschneiden.

35

Den Fondant mit einem Glätter glatt streichen. Diesen dafür mit etwas Druck über die Torte streichen. Den Glätter dabei nie gerade auf den Fondant setzen, damit er nicht kleben bleibt, sondern immer leicht gekippt auf der Oberfläche halten.

36

Die beiden weiteren Kuchen nach demselben Prinzip mit 500 g und 300 g Rollfondant eindecken.

Tipp

Sollte der Fondant beim Eindecken in der Vertiefung reißen, das Loch mit ein wenig Fondant flicken. Beim Eindecken einer Topsy-Turvy-Torte ist die Qualität des Fondants besonders wichtig. Schlechter bzw. zu weicher Fondant reißt hier viel schneller als einer, der stabil in seiner Struktur ist.

37

Zum Stapeln der Torte werden die beiden runden Cake Cards, Bambusstäbe, eine Gartenschere, Schmirgelpapier, ein Messer oder Modellierwerkzeug zum Auftragen und etwas Eiweißspritzglasur (Icing) benötigt.

38

Den ersten Bambusstab in die Mitte des untersten Tortenstockwerks stecken. Den Stab wieder herausnehmen und an der Stelle, an der er aus dem Kuchen kommt, mit der Gartenschere abschneiden.

39

Die abgeschnittenen Enden des Bambusstabs abschmirgeln.

40

Für dieses Stockwerk acht weitere Stäbe in gleicher Höhe anfertigen. Einen Stab in die Mitte des Kuchens stecken, die übrigen innen am Rand der Vertiefung entlang.

41

Die Vertiefung mithilfe des Messers oder Modellierwerkzeugs mit etwas Eiweißspritzglasur (Icing) einstreichen, damit die Cake Card dann darauf kleben bleibt.

42

Das mittlere Stockwerk mit der passenden Cake Card vorsichtig in die Vertiefung des untersten Tortenstockwerks setzen.

43

Für das mittlere Stockwerk die Schritte zum Stapeln mit der kleinen Cake Card wiederholen und das oberste Stockwerk mit Cake Card daraufsetzen.

44

45

Die Ränder der Torten werden mit Eiweißspritzglasur (Icing) verziert. Dafür werden eine Lochtülle mit 2,5 mm Durchmesser, ein passender Adapter und ein kleiner Gefrierbeutel benötigt.

46

Eine kleine Ecke des Gefrierbeutels mit einer Schere abschneiden.

47

Die Lochtülle mithilfe des Adapters an der abgeschnittenen Ecke befestigen.

48

Die übrige Eiweißspritzglasur in den Beutel füllen. Damit um alle Tortenränder kleine, eng aneinanderliegende Punkte als Perlen anbringen. Dabei immer gleichmäßigen Druck auf den Spritzbeutel ausüben.

49

50

Für die Blätterranken ca. 10 cm Floristenband abschneiden. Das Band am Ende des ersten Blattes am Draht ansetzen und fest zuziehen. Dann 1 cm nach unten wickeln.

51

Das zweite Blatt ansetzen. Am Blattende anfangen, das Floristenband um den Draht nach unten zu wickeln. Auf diese Weise weitere Blätter dazuwickeln und so eine Blätterranke mit fünf, eine mit drei und eine weitere Ranke mit vier Blättern herstellen.

52

Wer einen Lebensmitteldrucker hat, druckt mit Lebensmittelfarbe sieben bunte Schmetterlinge auf Oblatenpapier.

53

Die Schmetterlinge mit einem Modellier-Skalpell ausschneiden.

54

Um jeden Schmetterling eine Schlinge aus weißem Floristendraht binden, …

55

… damit sie später dann über der Torte zu fliegen scheinen.

56

Als Alternative zu den ausgedruckten Schmetterlingen kann man natürlich auch aus Oblaten- oder Fondantpapier Schmetterlinge ausstechen und diese mit Pastenfarben bemalen.

57

Um die Schmetterlinge auf der Torte zu befestigen, weißen Rollfondant in sieben Strohhalme drücken.

58

Je einen der Drähte, an dem die Schmetterlinge befestigt sind, in einen Strohhalm schieben.

59

Anschließend diese Strohhalme an verschiedenen Stellen in der Torte befestigen.

60

Zuletzt mit Zuckerkleber die unterschiedlichen Blüten …

61

… auf und an der Torte befestigen.

Videotipp

Topsy Turvy eindecken leicht gemacht

Videotipp

Große Blüten modellieren leicht gemacht

Tipp

Schmetterlinge kann man auch aus Zuckerspitzenmasse herstellen und dann auf der Torte ankleben:

Zuckerspitze wird mithilfe der Zuckerspitzenmasse (siehe Seite 13 und ab Seite 56), einer Silikonform und eines Teigschabers hergestellt. Die Masse so in eine Silikonform für Schmetterlinge streichen, dass alle Rillen komplett mit der Masse ausgefüllt sind. Überschüssige Zuckerspitzenmasse muss mit dem Teigschaber wieder abgezogen werden.

Die Silikonform kommt auf einem mit Backpapier belegten Blech für 12–15 Minuten bei 70 Grad Umluft in den Backofen. Nachdem die Zuckerspitze im Ofen getrocknet ist, abkühlen lassen und dann vorsichtig von der Seite her aus der Form lösen.

All you need is love!

Schwierigkeitsgrad

ZUTATEN FÜR EINE TORTE

Tortenbasis: runde Torte mit 20 cm Durchmesser (Grundrezept 1 x), runde Torte mit 15 cm Durchmesser (Grundrezept 0,5 x)

Zum Eindecken der Tortenbasis: große Torte eingedeckt mit 500 g und kleine Torte eingedeckt mit 300 g schwarzem Rollfondant

Blütenpaste: Pink 150 g, Rot 75 g, Grün 15 g, Weiß 25 g

Rollfondant: Schwarz 15 g

ARBEITSMATERIAL

tropfenförmiger oder runder Ausstecher (ca. 3 cm Durchmesser), Foam Pad, Ball Tool, Zahnstocher, Styroporplatte, Rollstab, Pinsel, Messer oder Modellierwerkzeug zum Schneiden, Blätterausstecher mit Präger in verschiedenen Größen, Cel Board, grüner mit Papier ummantelter Floristendraht (Größe: 30 gauge), Floristenband, Papiertaschentücher, Hortensienausstecher mit passendem Silikonpräger, Schachtel mit kleinen Mulden zum Trocknen der Blüten, runde Cake Card mit 15 cm Durchmesser, fünf Bambusstäbe, Gartenschere, Schmirgelpapier, schwarzes Satinband, Schere, Stecknadel

Zuckerkleber, Lebensmittel-Puderfarben Grün und Pink, Eiweißspritzglasur (Icing), weiße Candy Melts

Dekozeit: 5 Std. zzgl. 12 Std. Trockenzeit

Tipp

Candy Melts, wie wir sie hier für die Schrift verwenden, sind Schmelzdrops, die es in unterschiedlichen Geschmacksrichtungen und in ganz vielen verschiedenen Farben gibt. Sie eignen sich natürlich nicht nur zum Schreiben auf Fondant, sondern werden sehr oft als Glasur für Törtchen oder Cake Pops benutzt.

1

Zur Rosenherstellung werden ein tropfenförmiger oder runder Ausstecher, Foam Pad, Ball Tool, ein Zahnstocher, eine Styroporplatte zum Trocknen, pinke und rote Blütenpaste sowie Zuckerkleber benötigt. Für die erste Blüte aus ca. 2 g pinkfarbener Blütenpaste einen dicklichen Kegel formen.

2

Danach 35 g pinkfarbene Blütenpaste ca. 2 mm dünn ausrollen und mit dem tropfenförmigen oder runden Ausstecher insgesamt zwölf Blätter ausstechen.

3

Die Blätter auf das Foam Pad setzen und jedes Blatt mit dem Ball Tool an den Rändern rundherum ausdünnen. Dabei werden sie automatisch wellig und erhalten dadurch eine natürliche Form.

4

Die spitz zulaufende untere Seite der Blätter mit ein wenig Zuckerkleber bestreichen.

5

Das erste Blatt mit der spitzen Seite nach unten um das dickere Ende des Kegels legen und andrücken.

6

Dabei darauf achten, dass dieses Blatt an der oberen Seite fast geschlossen am Kegel liegt.

7

Das zweite Blatt auf der gegenüberliegenden Seite des Kegels anlegen und oben ziemlich geschlossen halten.

8

Die übrigen Blätter oben an den seitlichen Rändern ein wenig um einen Zahnstocher rollen, …

9

… damit sie eine natürlichere Form erhalten. Die eingerollten Seiten zeigen später nach außen.

10

Die weiteren Blätter überlappend um den Kegel legen …

11

… und die Rosenblätter immer etwas weiter öffnen.

12

Wichtig: Immer darauf achten, dass sich die Rosenblätter oben auf der gleichen Höhe befinden!

13

Überstehende Blütenpaste unterhalb der Blüte mit einem Messer kürzen. Auf die gleiche Weise drei weitere pinkfarbene und zwei rote Rosen herstellen. Die Blüten ca. 12 Stunden trocknen lassen. Dafür legt man sie so auf eine Styroporplatte, dass die Blüten über dem Rand liegen. So können die Rosen gleichmäßig trocknen, da durch die Poren des Styropors Luft auch an die Unterseiten der Rosen kommt.

14

Für die Blätterranken benötigt man Blätterausstecher mit Präger in verschiedenen Größen, Foam Pad, Ball Tool, ein Cel Board, Floristendraht und -band, grüne Blütenpaste und Zuckerkleber.

15

Für die Blätter aus einem Teil der grünen Blütenpaste einen Strang rollen, auf das Cel Board legen und dünn ausrollen. Den ersten Ausstecher so ansetzen, dass die Rille des Cel Boards der Länge nach in der Mitte des Ausstechers liegt.

16

Das erste Blatt ausstechen und mit dem Präger Struktur einprägen. Insgesamt werden so fünf Blätter in verschiedenen Größen vorbereitet.

17

Die Blütenpaste rund um die ausgestochenen Blätter ablösen. Für das erste Blatt ein Stück Floristendraht in etwas Zuckerkleber tauchen.

18

Den Kleber an der Hand abstreichen, damit nicht zu viel davon in das Blatt eingeführt wird.

19

Das Blatt vom Cel Board lösen. Auf der Rückseite des Blattes ist eine Rille sichtbar. In diese Rille vorsichtig und langsam den mit Kleber versehenen Draht einführen.

20

Das Blatt auf dem Foam Pad an den Rändern mit dem Ball Tool ausdünnen; so erhält es eine natürliche Form. Die übrigen Blätter genauso mit Draht versehen und ausdünnen.

21

Grüne Puderfarbe auf ein Taschentuch geben und mit einem Pinsel aufnehmen. Die Blätter damit abpudern und am besten 12 Stunden trocknen lassen, damit sie auf keinen Fall vom Draht rutschen.

22

Für die Hortensienblüten die weiße Blütenpaste ausrollen und mit dem Hortensienausstecher ca. 15 kleine Blüten ausstechen.

23

Die Blüten mit der Unterseite nach oben auf das Foam Pad legen und ca. 2 Minuten antrocknen lassen. So bleiben sie danach nicht in der Silikonform kleben.

24

Die Blüten nacheinander in den passenden Silikonpräger legen …

25

… und anschließend den Präger dann zusammendrücken, …

26

… damit die Blüten eine natürliche Struktur und Form erhalten.

27

Die Blüten in eine Schachtel mit kleinen Mulden legen. Pinkfarbene Puderfarbe auf ein Taschentuch geben und mit einem Pinsel aufnehmen. Die Blüten innen damit abpudern und dann 2–3 Stunden in der Schachtel trocknen lassen.

28

Zum Stapeln der Torte werden Cake Card, Zahnstocher, Bambusstäbe, Gartenschere, Schmirgelpapier, Eiweißspritzglasur und ein Messer oder Modellierwerkzeug zum Auftragen benötigt.

29

Zuerst wird die Cake Card mittig auf das untere Tortenstockwerk gelegt. Mit dem Zahnstocher zeichnet man den Rand ein. Dann die Cake Card wieder herunternehmen.

30

Den ersten Bambusstab in die Mitte dieses Kuchens stecken. Den Stab wieder herausnehmen und an der Stelle, an der er aus dem Kuchen kommt, mit der Gartenschere abschneiden …

31

… und die Enden abschmirgeln.

32

Genauso vier weitere Stäbe vorbereiten. Einen Stab in die Mitte des Kuchens stecken, die restlichen in regelmäßigen Abständen am inneren Rand der Markierung für die Cake Card entlang.

33

Die Mitte des großen Kuchens mit Eiweißspritzglasur (Icing) einstreichen, damit die Cake Card und damit auch das obere Tortenstockwerk darauf kleben bleiben.

34

Das obere Stockwerk mit der Cake Card vorsichtig auf den vorbereiteten Kuchen setzen.

35

Ein schwarzes Satinband in der Länge des kleineren Tortenumfangs abmessen und kürzen.

36

Das Band unten um das obere Tortenstockwerk legen und die überlappenden Enden mit einer Stecknadel feststecken.

37

Mit weißen Candy Melts wird jetzt auf die Torte gezeichnet; das sieht dann aus, als hätte man mit Kreide gemalt.

Tipp

Wer unsicher ist, kann das Muster auch vorzeichnen und stellt dafür eine Schablone her. Das gewünschte Muster auf Papier malen oder pausen, dann ausschneiden. Die Schablone an die Torte halten und mit einem Zahnstocher den Rand des Musters einzeichnen.
Candy Melts schmelzen schnell in der Hand, dann gleich ein neues Stück nehmen.

38

Auf das untere Tortenstockwerk malt man ein verspieltes florales Muster auf …

39

… und auf das obere Stockwerk schreibt man beispielswiese das Wort „Love“.

40

Für die erste Blätterranke ca. 10 cm Floristenband abschneiden. Das Band am Ende des ersten Blattes am Draht ansetzen und fest zuziehen. Dann 1 cm nach unten wickeln.

41

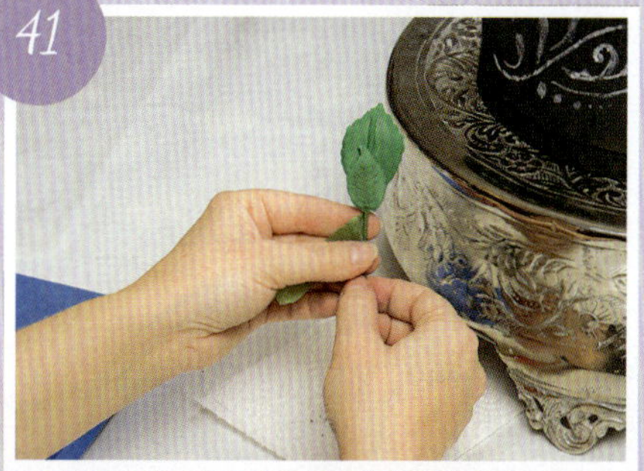

Das zweite Blatt ansetzen. Am Blattende anfangen, das Band um den Draht nach unten zu wickeln.

42

Nach dem gleichen Prinzip eine zweite Ranke mit drei Blättern herstellen.

43

Um einen Hortensienball auf die Torte zu setzen, aus schwarzem Rollfondant einen kegelförmigen „Steckschwamm" formen und am äußeren Rand des oberen Stockwerks festkleben.

44

Die einzelnen Hortensienblüten rundum mit Zuckerkleber daran befestigen.

45

46

Zwei pinkfarbene Rosen und eine rote Rose als Blumengesteck auf das obere Stockwerk neben die Hortensien kleben. Die übrigen Hortensienblüten und Rosen auf das untere Stockwerk kleben. Dann eine Blätterranke mit dem Draht in das obere und die andere Blätterranke in das untere Stockwerk stecken.

Videotipp

Zeichnen mit Candy Melts

Tipp

Sollte der schwarze Rollfondant zu sehr glänzen, etwas Puderzucker auf ein Taschentuch geben, mit einem Pinsel aufnehmen und die Torte vorsichtig damit abpudern. Dabei unbedingt vorsichtig vorgehen und nur wenig Puderzucker verwenden, damit keine weißen Flecken entstehen und es natürlich matt aussieht.

Videotipp

Rosen modellieren leicht gemacht

CHALK CAKE

Der schönste Weg ist der gemeinsame

Schwierigkeitsgrad

ZUTATEN FÜR EINE TORTE

Tortenbasis: je eine runde Torte mit 25 cm Durchmesser (Grundrezept 1,5 x), 20 cm Durchmesser (Grundrezept 1 x), 15 cm Durchmesser (Grundrezept 0,5 x)

Zum Eindecken der Tortenbasis: große Torte eingedeckt mit 750 g dunkelbeigefarbenem, mittlere Torte eingedeckt mit 500 g rosafarbenem, kleine Torte eingedeckt mit 300 g hellbeigefarbenem Rollfondant

Blütenpaste: Dunkelrosa 180 g, Hellrosa 225 g, Weiß 225 g

Außerdem: Zuckerspitzenmasse (Grundrezept 2 x)

ARBEITSMATERIAL

tropfenförmiger oder runder Ausstecher (ca. 3 cm Durchmesser), Foam Pad, Ball Tool, Zahnstocher, Styroporplatte, Messer oder Modellierwerkzeug zum Schneiden, Rollstab, Pinsel, zwei runde Cake Cards mit 20 cm und 15 cm Durchmesser, 18 Bambusstäbe, Gartenschere, Schmirgelpapier, Silikonform für Zuckerspitze, Teigschaber, Backblech mit Backpapier
Zuckerkleber, Eiweißspritzglasur (Icing)

Dekozeit: 8 Std. zzgl. 12 Std. Trockenzeit

Tipp

Wenn man, wie hier, etwas mehr Teig als gewöhnlich für die einzelnen Stockwerke verwendet, werden sie höher und die Torte wird damit eleganter.

1

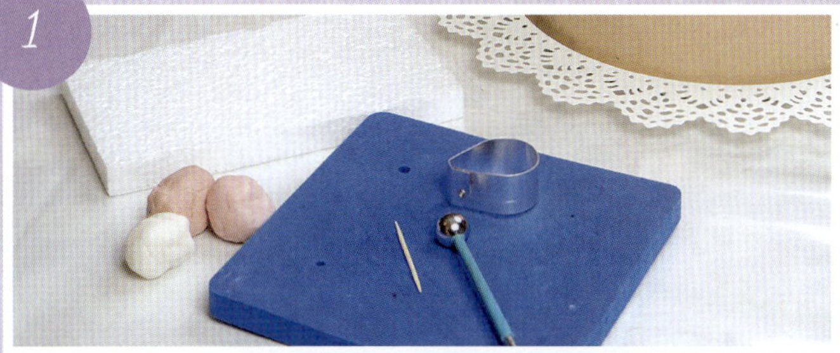

Zur Rosenherstellung werden ein tropfenförmiger oder runder Ausstecher, Foam Pad, Ball Tool, ein Zahnstocher, eine Styroporplatte zum Trocknen, drei verschiedene Farbnuancen Blütenpaste (von Dunkelrosa bis Weiß), Zuckerkleber und ein Messer oder Modellierwerkzeug zum Schneiden benötigt.

2

Für die erste Blüte aus ca. 2 g dunkelrosa Blütenpaste einen dicklichen Kegel formen.

3

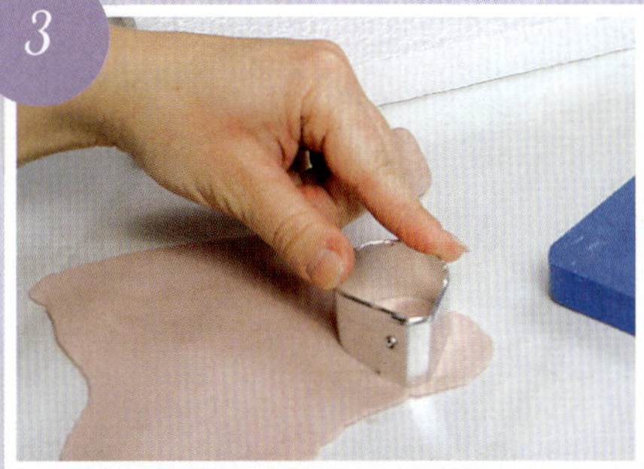

Danach 10 g dunkelrosa Blütenpaste ca. 2 mm dünn ausrollen und mit dem tropfenförmigen oder runden Ausstecher insgesamt vier Blätter ausstechen.

4

Die Blätter auf dem Foam Pad mit dem Ball Tool an den Rändern rundherum ausdünnen. Dabei werden sie wellig und erhalten eine natürliche Form.

5

Zwei Blätter beiseitelegen, bei den übrigen beiden die seitlichen Ränder an der oberen Rundung ein wenig um einen Zahnstocher rollen, …

6

… damit sie eine natürlichere Form erhalten. Die eingerollten Seiten zeigen später nach außen.

7

Die spitz zulaufenden unteren Enden bei allen Blättern mit ein wenig Zuckerkleber bestreichen.

8

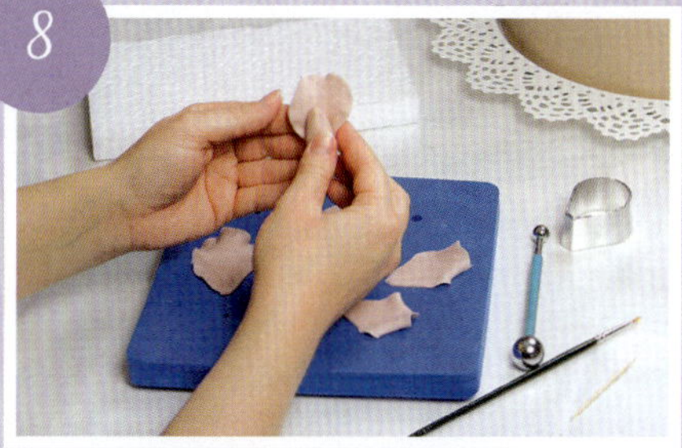

Das erste Blatt, das nicht um den Zahnstocher gerollt wurde, mit der spitzen Seite nach unten um das dickere Ende des Fondantkegels legen und das Blatt andrücken.

9

Dabei darauf achten, dass das Blatt oben fast geschlossen am Kegel liegt.

10

Das zweite nicht eingerollte Blatt auf der anderen Seite des Kegels anlegen und oben fast geschlossen halten.

11

Die übrigen beiden Blätter überlappend um den Kegel legen …

Tipp

Legt euch eine echte Rose daneben, dann könnt ihr euch das Ganze beim Modellieren bildhafter vorstellen.

12

… und die Rosenblätter oben schrittweise immer etwas weiter öffnen. Die eingerollten Seiten zeigen immer nach außen.

13

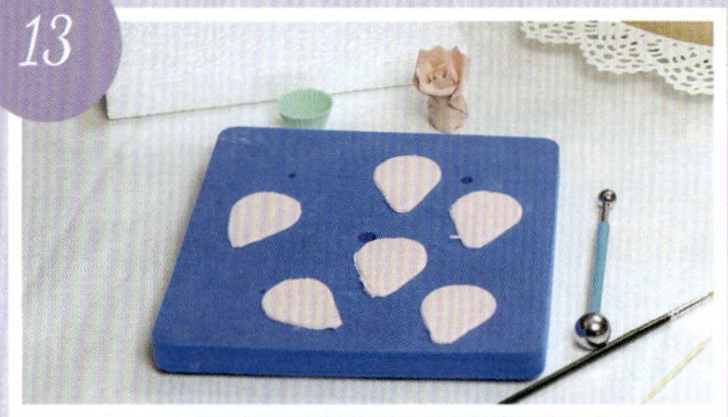

Nun ca. 15 g hellrosa Blütenpaste ausrollen und die Schritte wiederholen: insgesamt sechs Blätter ausstechen, ausdünnen, diesmal alle einrollen und mit Kleber bestreichen.

14

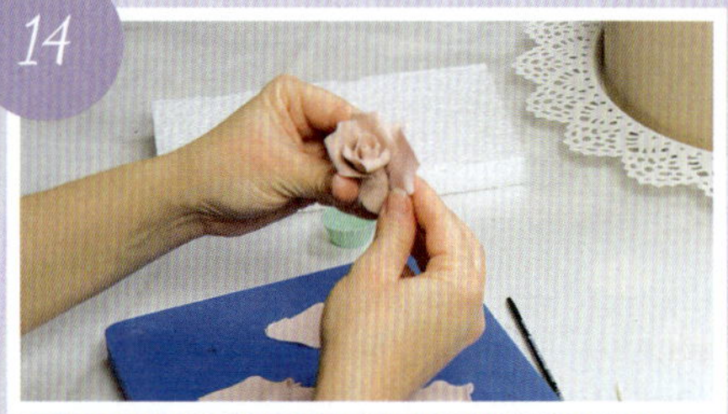

Die Blätter überlappend um die Rose kleben. Wichtig: Immer darauf achten, dass sich die Rosenblätter oben auf der gleichen Höhe befinden!

15

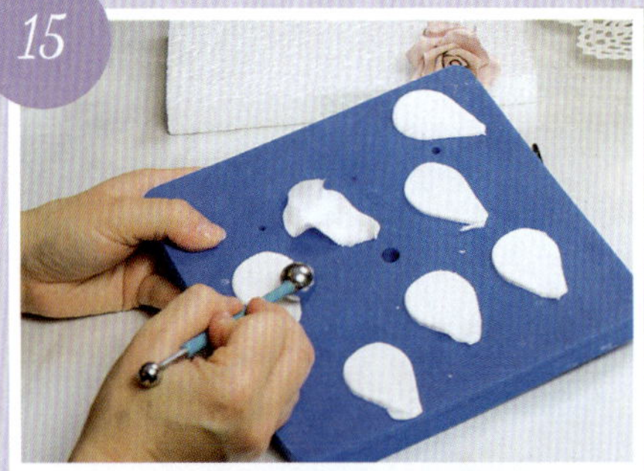

Zuletzt ca. 15 g weiße Blütenpaste ausrollen und die Schritte wiederholen: Insgesamt sechs Blätter ausstechen, ausdünnen, einrollen, mit Kleber bestreichen und überlappend um die Rose legen.

16

Überstehende Blütenpaste unterhalb der Blüte mit einem Messer kürzen.

17

Auf die gleiche Weise weitere 13–14 Rosen herstellen. Die Rosen ca. 12 Stunden trocknen lassen. Dafür die Rosen so auf eine Styroporplatte legen, dass die Blüten über dem Rand liegen. Denn bei Styropor kommt Luft auch durch die Poren, und so können die Rosen gleichmäßig, auch von unten, austrocknen.

18

Zum Stapeln der Torte werden runde Cake Cards, ein Zahnstocher, Bambusstäbe, eine Gartenschere, Schmirgelpapier, etwas Eiweißspritzglasur (Icing) und ein Messer oder Modellierwerkzeug zum Auftragen benötigt.

19

Zuerst wird die größere Cake Card mittig auf das unterste, das größte Stockwerk gelegt. Mit einem Zahnstocher zeichnet man rundum den Rand ein und nimmt dann die Cake Card wieder vom Kuchen.

20

Den ersten Bambusstab in die Mitte des Kuchens stecken. Den Stab wieder herausnehmen und an der Stelle, an der er aus dem Kuchen kommt, mit einer Gartenschere abschneiden. Die abgeschnittenen Enden abschmirgeln.

21

Für das unterste Stockwerk weitere acht Stäbe in der gleichen Höhe anfertigen. Einen Stab in die Mitte des Kuchens stecken, die restlichen in regelmäßigen Abständen an der inneren Markierung für die Cake Card entlang.

22

Die Mitte des Kuchens mit Eiweißspritzglasur einstreichen, damit die Cake Card haften bleibt.

23

Das mittlere Stockwerk mit Cake Card vorsichtig daraufsetzen. Für das mittlere Stockwerk …

24

… die Schritte zum Stapeln wiederholen und das letzte Stockwerk aufsetzen.

25

Die Zuckerspitze wird nun mithilfe der angerührten Zuckerspitzenmasse, der passenden Silikonform und eines Teigschabers hergestellt.

26

Die Masse mit dem Teigschaber so in die Form streichen, dass alle Rillen ausgefüllt sind. Überschüssige Masse mit dem Teigschaber wieder abziehen.

Tipp

Zuckerspitzenmasse und passende Silikonformen bekommt man im Fachhandel oder in vielen Internetshops mit Tortenzubehör.

27

Die Silikonform dann auf ein mit Backpapier ausgelegtes Blech setzen und bei 70 Grad Umluft für 12–15 Minuten in den Backofen stellen.
Für den Kuchen mit 25 cm Durchmesser benötigt man Zuckerspitze mit 80 cm Länge, für den mit 20 cm Durchmesser 65 cm und für den mit 15 cm Durchmesser 50 cm. Bei der Form, die hier verwendet wird, wird der mittlere Teil für das mittlere Stockwerk benutzt und die Reihen oben und unten für das obere und untere Stockwerk. Abhängig von der Größe der Silikonform muss man den Backvorgang dann wiederholen, um die gewünschten Längen für die Umfänge der Kuchen zu erhalten.

28

Nachdem die Zuckerspitze im Ofen getrocknet ist, vollständig abkühlen lassen und dann seitlich beginnen, sie ganz vorsichtig aus der Form zu lösen.

29

Die Spitze ganz langsam vollständig aus der Form lösen, indem man vorsichtig und mit sehr wenig Kraft daran zieht.

30

Das obere und untere Stockwerk jeweils am unteren Rand, das mittlere Stockwerk in der Mitte mit Zuckerkleber bestreichen.

Tipp

Kommt die Zuckerspitze zu hart aus dem Backofen, kann man nicht viel reparieren. Deswegen sollte man sie lieber kürzer im Ofen lassen als zu lange. Hier muss man immer etwas ausprobieren, denn jeder Ofen ist anders. Ist die Spitze noch zu feucht, kann man sie noch nicht aus der Form lösen. Daher noch mal kurz in den Ofen stellen oder bei Raumtemperatur fertig trocknen lassen.
Und Achtung: Es darf nicht zu viel Kleber verwendet werden, denn ist der Untergrund zu feucht, kann sich die Spitze auflösen!

31

Die Zuckerspitze vorsichtig an die mit Kleber bestrichenen Flächen drücken und rund um die Torte herum befestigen.

32

Die Rosen an den Unterseiten mit Zuckerkleber bestreichen und so auf der Torte und an den Rändern anbringen, …

33

… dass sie an ihr als Ranke entlangläuft.

Videotipp
Rosen modellieren leicht gemacht

Friede, Freude, Eiersuchen

Schwierigkeitsgrad

ZUTATEN FÜR EINE TORTE

Tortenbasis: quadratische Torte mit 20 cm Kantenlänge (Grundrezept 1 x)

Zum Eindecken der Tortenbasis: 750 g grüner Rollfondant

Modellierfondant: Weiß 40 g, Gelb 15 g, Grau 120 g, Beige 15 g, etwas Rosa, Braun, Schwarz und Grün, Orange 30 g

ARBEITSMATERIAL

Rollstab, Blümchen- und Schmetterlingsausstecher mit Präger in verschiedenen Größen, Messer oder Modellierwerkzeug zum Schneiden, Schachtel mit kleinen Mulden zum Trocknen der Blüten, Papiertaschentücher, Pinsel, Zahnstocher
Spaghetti, Zuckerkleber, Schokoraspel, Lebensmittel-Puderfarbe Rosa, Lebensmittelstifte in Schwarz und in verschiedenen Farben, Lebensmittel-Pastenfarbe Grün

Dekozeit: 3 Std. zzgl. 2 Std. Trockenzeit

1

Für die Blümchen 18 g weißen Modellierfondant mit dem Rollstab dünn ausrollen.

2

Die Blümchenausstecher in den Fondant drücken und danach den Stempel nach unten drücken, um eine Struktur auf die Blümchen zu prägen. Insgesamt werden ca. zwölf kleine Blumen benötigt.

3

Mit einem Messer oder Modellierwerkzeug zum Schneiden die Blümchen vorsichtig von der Arbeitsfläche lösen.

4

In die Mitte der Blüten je eine kleine Kugel aus gelbem Fondant kleben. Die Blümchen in der Schachtel mit Mulden für 2–3 Stunden trocknen lassen.

5

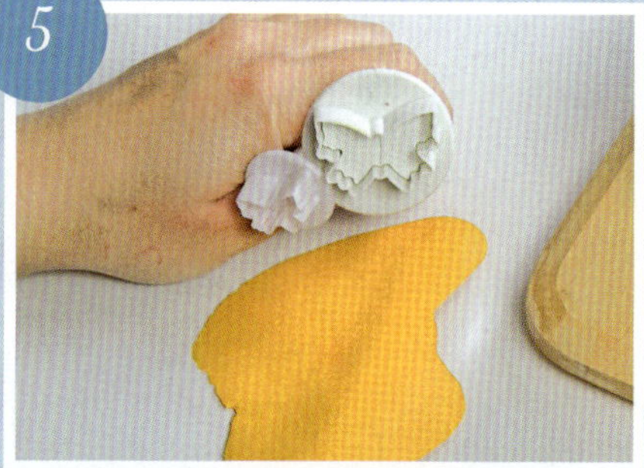

Für die Schmetterlinge dann den restlichen gelben Modellierfondant dünn ausrollen.

6

Den ersten Ausstecher auf den Modellierfondant setzen und danach den Stempel nach unten drücken, um eine Struktur auf den Schmetterling zu prägen. Insgesamt sechs Schmetterlinge in verschiedenen Größen ausstechen.

7

Die Schmetterlinge mit dem Messer oder Modellierwerkzeug an einer Seite hochdrücken. Damit sie in dieser Flugposition bleiben, müssen sie zum Beispiel an ein zusammengerolltes Taschentuch angelehnt ca. 1 Stunde trocknen.

8

Um den Hasen zu gestalten, benötigen wir zuerst grauen Modellierfondant. 60 g zu einem länglich eiförmigen Körper formen.

9

Ein Stück rohe Spaghetti in Zuckerkleber tauchen und mit kleinen kreisenden Bewegungen vorsichtig in den oberen Teil des Körpers stecken.

10

Für den Kopf des Hasen 35 g grauen Modellierfondant länglich formen, etwas flach drücken und die Backen an den Seiten mit den Fingern etwas nach außen formen. Kopf und Körper ca. 1 Stunde trocknen lassen.

11

Die Mitte der Torte mit Zuckerkleber einstreichen.

12

Für die Erde Schokoraspel auf die eingestrichene Fläche streuen.

13

Tipp

Anstelle von Schokoraspeln kann man für die Erde auch super zerbröselten Schokoladenkuchen verwenden.

14

Für die Beine jeweils ca. 4 g grauen Modellierfondant zu je 1 cm dicken und ca. 5 cm langen Strängen rollen. Auf einer Seite jeweils spitz zulaufen lassen. Dann diese Spitzen platt drücken.

15

Den Körper unten an beiden Seiten mit Zuckerkleber einstreichen.

16

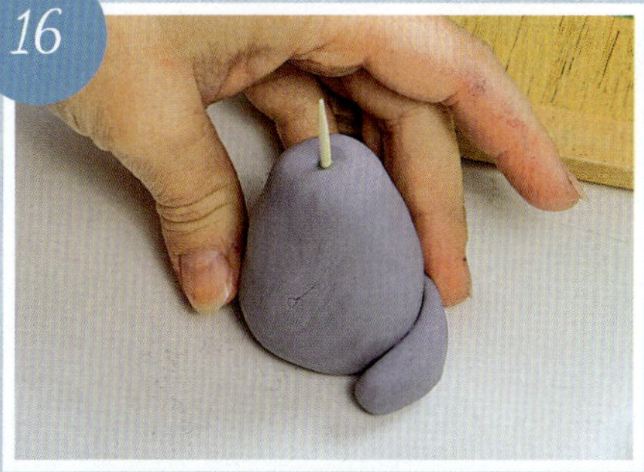

Die beiden Beine mit den jeweils platten, spitzeren Enden am Hasenkörper festkleben.

17

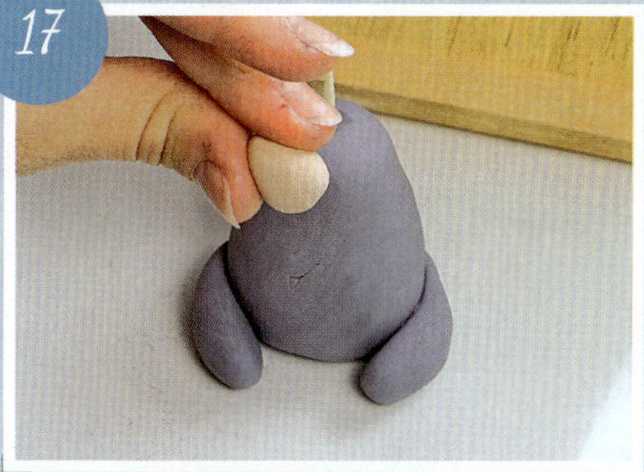

Für die Füße aus jeweils ca. 1 g beigefarbenem Fondant eine Kugel formen, die an einer Seite platt gedrückt wird.

18

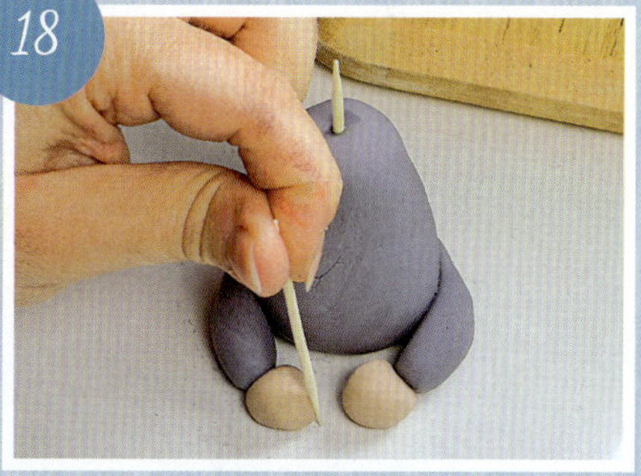

Die Füße mit der jeweils platten Seite vorn an die Beine kleben und mit einem Zahnstocher Zehen eindrücken.

19

Für den Bauch ca. 2 g beigefarbenen Modellierfondant ausrollen und ein Oval in der passenden Größe ausschneiden.

20

Den Körper des Hasen an der Vorderseite mit ein wenig Zuckerkleber einstreichen.

21

Den Bauch ankleben und an den Rändern vorsichtig verwischen, damit man den Übergang nicht mehr sieht.

22

Für das Fell ca. 3 g weißen Modellierfondant zu einem dünnen und ca. 1 cm breiten Dreieck formen.

23

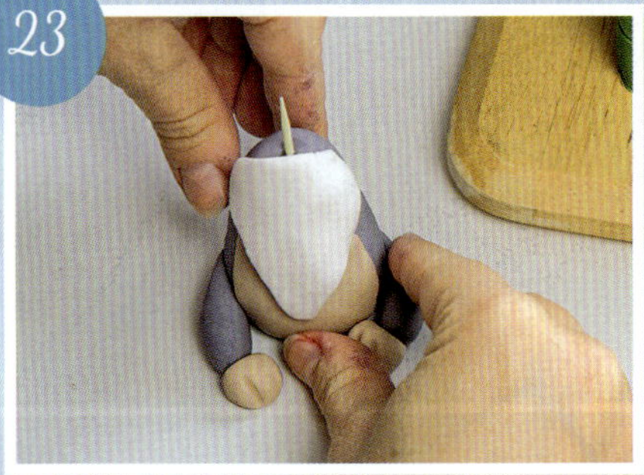

Das weiße Dreieck etwas platt drücken und mit Zuckerkleber über dem Bauch befestigen.

24

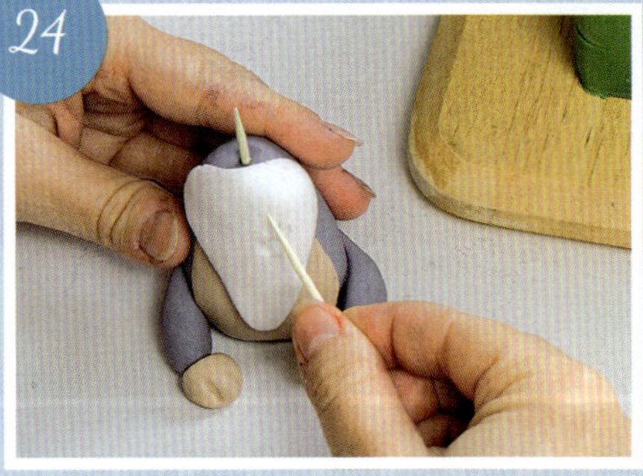

Mit einem Zahnstocher auf dem weißen Dreieck Fellstruktur einzeichnen bzw. einritzen.

25

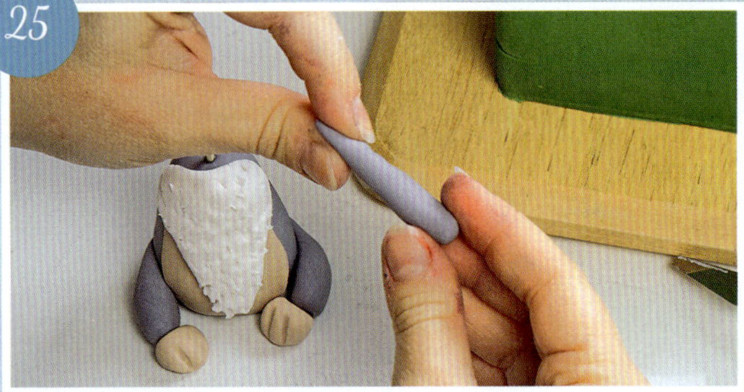

Die Arme werden wie die Beine modelliert. Dafür aus je ca. 4 g grauem Fondant zwei Stränge formen, zu je 1 cm dicken und ca. 5 cm langen Strängen rollen. Auf einer Seite jeweils spitz zulaufen lassen und die Spitze platt drücken.

26

An den dicken Enden der beiden grauen Fondantstränge dann jeweils eine Hasenpfote herausformen. Dafür diese Enden etwas platt drücken und diese Teile nach vorne biegen.

27

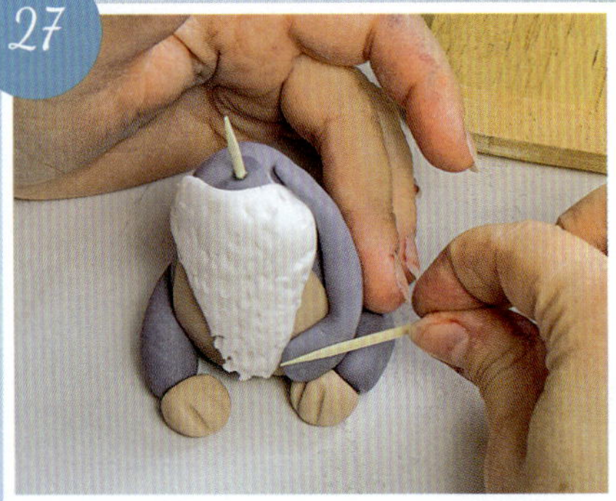

Die Arme mit der platten Seite am Körper festkleben und mit einem Zahnstocher die Pfoten eindrücken.

28

Für die Backen ca. 5 g beigefarbenen Fondant zu einem 2 cm langen Strang formen.

29

Den Strang in der Mitte ausdünnen, indem man ihn zwischen zwei Fingern rollt.

30

Anschließend diesen Fondantstrang platt drücken.

31

Das Gleiche jetzt aus wenig weißem Modellierfondant für einen ca. 1 cm langen, dünnen Strang machen und umgekehrt auf die beigefarbenen Backen kleben.

32

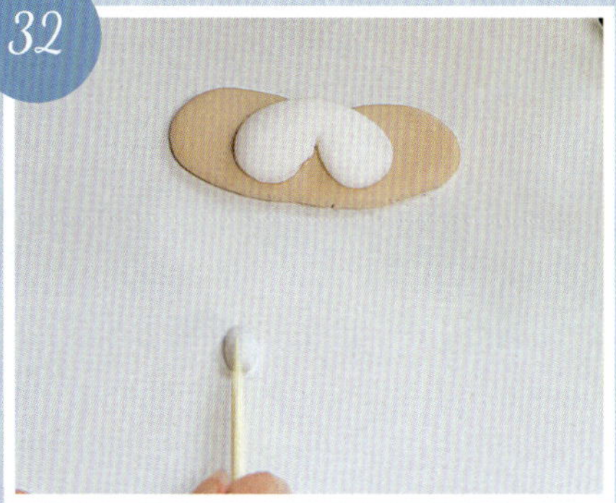

Aus einem ganz kleinen Stück weißem Modellierfondant zwei Zähnchen formen.

33

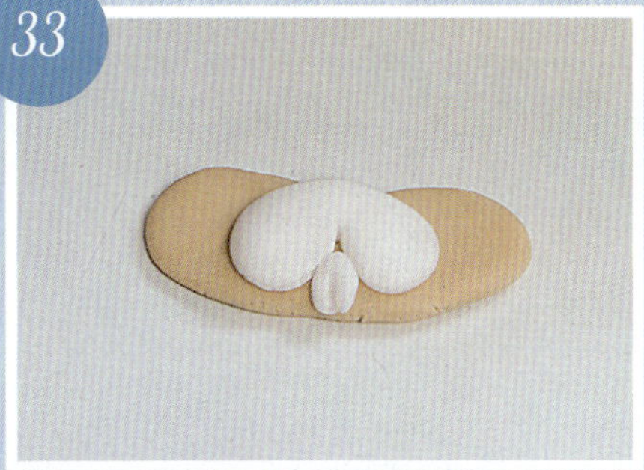

Diese Zähnchen mit Zuckerkleber in der Mitte der Backen unter dem weißen Bart aufkleben.

34

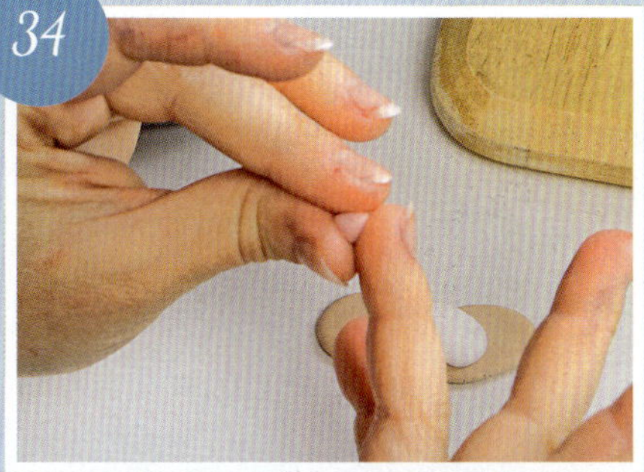

Für die Nase des Hasen aus etwas rosa Modellierfondant ein kleines Dreieck formen.

35

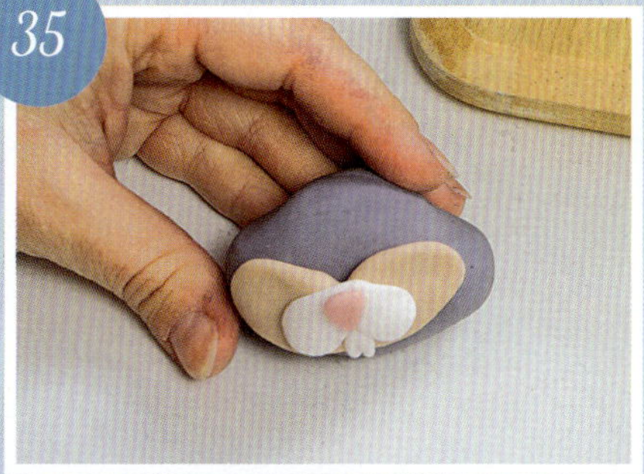

Die Nase in die Mitte der Backen auf den Bart und das Ganze auf den getrockneten Kopf kleben.

36

Für die Augen benötigt man wenig beigefarbenen, weißen, braunen und schwarzen Modellierfondant. Daraus dann immer jeweils zwei gleich große Kugeln rollen. Die beigen Kugeln sind die größten, dann folgen in abnehmender Größe weiße, braune und schwarze Kügelchen und ganz zum Schluss noch vier ganz kleine Stückchen weißer Fondant.

37

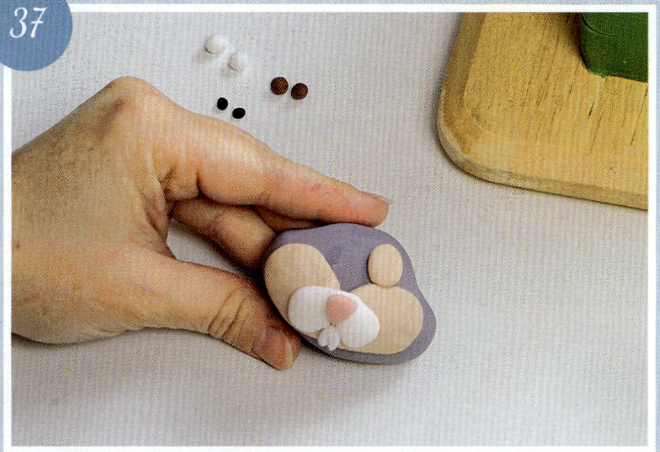

Zuerst die beigefarbenen Kugeln platt drücken und über den Backen ankleben.

38

Dann die weißen Kugeln flach drücken und ins Augeninnere kleben, …

39

… danach das Gleiche mit den braunen Kugeln machen und auf das Weiß kleben.

40

Auch die schwarzen Kügelchen platt drücken und auf den braunen Fondant ins Augeninnere kleben. Ganz zum Schluss dann in jedes Auge noch je zwei ganz kleine, platt gedrückte Stückchen aus weißem Fondant kleben.

41

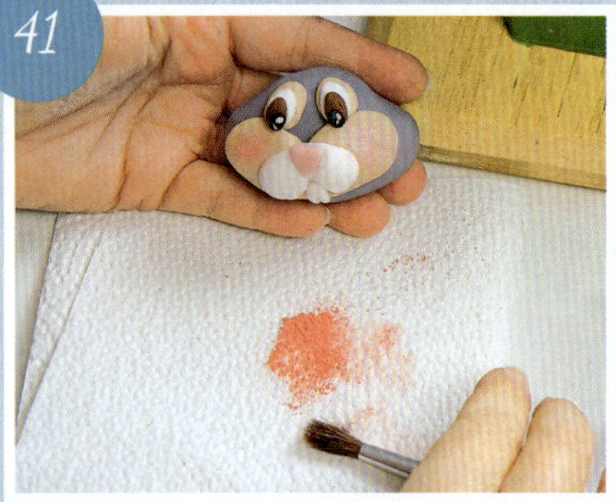

Etwas rosa Puderfarbe auf ein Taschentuch geben und mit einem feinen Pinsel die Backen vorsichtig rosa einpudern.

42

Für die Wimpern mit einem schwarzen Lebensmittelstift Striche oberhalb des Auges aufmalen.

43

Die Ohren aus je ca. 4 g grauem Fondant formen. Dafür zwei je ca. 2 cm lange, spitze Tropfen formen.

44

Mit einem Zahnstocher auf je einer Seite die Ohrmuscheln eindrücken.

45

Die Ohrmuscheln nun mit etwas beigefarbenem Modellierfondant ausfüllen.

46

Ein Ohr so am Kopf ankleben, dass die Ohrmuschel nach hinten zeigt.

47

Das Ohr dann vorsichtig nach hinten umknicken.

48

Das zweite Ohr so ankleben, dass es seitlich nach unten hängt.

49

Eine rohe Spaghetti mit Zuckerkleber bestreichen und vorsichtig unten in die Figur drehen. Danach den Hasen vorsichtig oben mittig in die Torte stecken. Dann noch aus 2 g weißem Fondant eine Kugel rollen und als Schwänzchen hinten an den Hasen kleben.

50

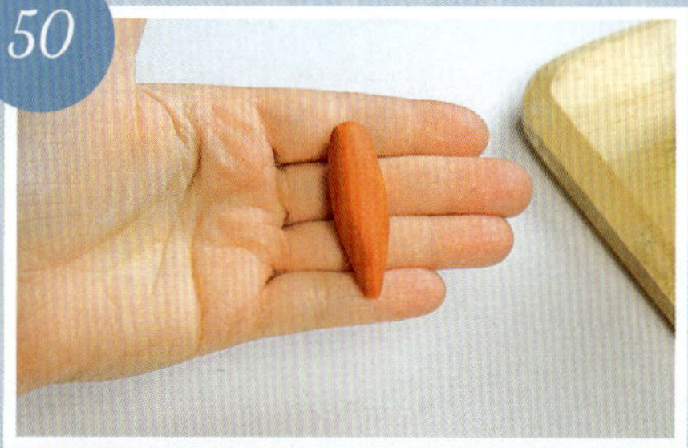

Für fünf Karotten je ca. 6 g orangefarbenen Modellierfondant zu Strängen rollen, die auf einer Seite spitz zulaufen.

51

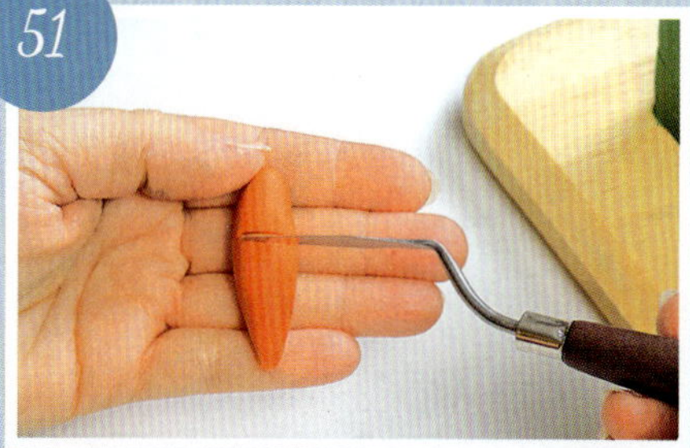

Mit dem Messer oder dem Modellierwerkzeug zum Schneiden quer eine Struktur einritzen.

52

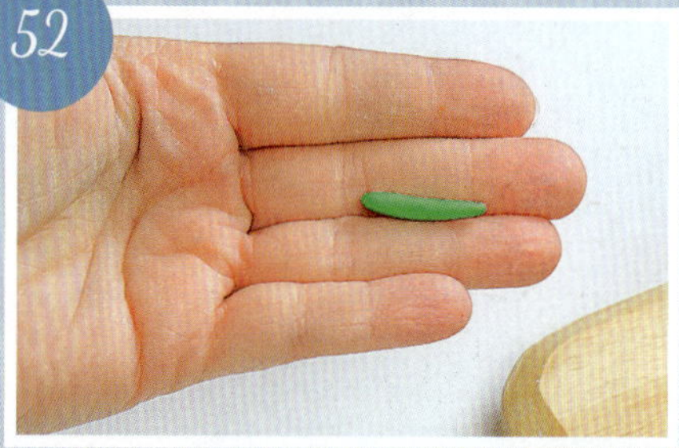

Für das Karottengrün aus wenig grünem Modellierfondant einen sehr dünnen länglichen Strang rollen.

53

Diesen Strang in der Mitte zusammenfalten …

54

… und mit Zuckerkleber auf der breiten Seite der Karotte ankleben. Für die übrigen Karotten auf die gleiche Weise das Grün formen und aufkleben.

55

Die Karotten stehend oder liegend auf der Torte ankleben. Wenn sie stehen sollen, die Karotten unten etwas platt drücken.

56

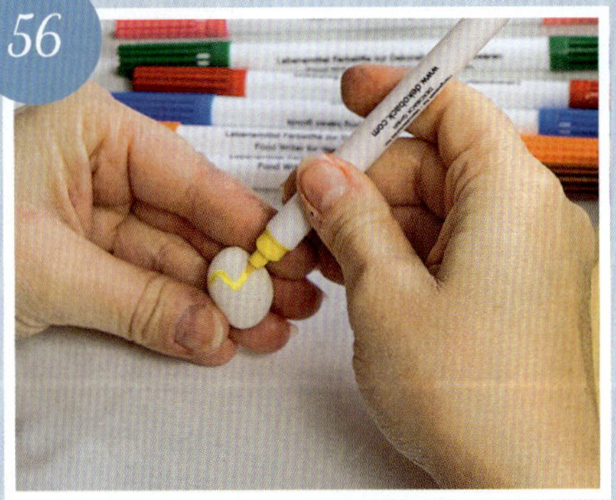

Aus dem übrigen weißen Fondant kleine Eier formen und mit Lebensmittelstiften bunt bemalen.

57

Die Eier an einer Seite mit etwas Zuckerkleber bestreichen und oben auf die Torte kleben.

58

Die inzwischen getrockneten Blümchen mit etwas Zuckerkleber auf der Torte und am Tortenrand befestigen.

59

Die Schmetterlinge ebenfalls auf der Torte mit Zuckerkleber befestigen. Einen dann auch auf dem Kopf des Hasen ankleben.

60

Für eine Grasverzierung am Tortenrand etwas grüne Pastenfarbe mit einem Tropfen Wasser vermischen und mit einem Pinsel …

61

… am Tortenrand Grashalme aufmalen.

62

Eine Alternative zur grünen Pastenfarbe ist ein grüner Lebensmittelstift.

Tipp

Wenn man keine Eier aus Fondant modellieren möchte, kann man auch einfach Schokoeier kaufen und die dann auf die Torte legen.

Videotipp

Auf Fondant malen

OSTERTORTE

Wenn aus Liebe Leben wird

Schwierigkeitsgrad

ZUTATEN FÜR EINE TORTE

Tortenbasis: runde Torte mit 26 cm Durchmesser (Grundrezept 1 x)

Zum Eindecken der Tortenbasis: 750 g weißer Rollfondant

Modellierfondant: Weiß 200 g

Blütenpaste: Dunkelpink 5 g, Rosa 5 g, Pink 50 g

ARBEITSMATERIAL

Rollstab, Schuhsohlenschablone, Messer oder Modellierwerkzeug zum Schneiden, kleiner runder Ausstecher (ca. 1 cm Durchmesser), Pinsel, Papiertaschentücher, kleiner Blütenausstecher mit passendem Silikonpräger, Foam Pad, Schachtel mit kleinen Mulden zum Trocknen der Blüten, großer tropfenförmiger oder runder Ausstecher (ca. 6 cm Durchmesser), Ball Tool, kleiner Blümchenausstecher mit Präger, Lineal oder Patchwork-Cutter, Zahnstocher, Pinzette
Zuckerkleber, rosafarbene Zuckerperlen

Dekozeit: 3 Std. zzgl. 12 Std. Trockenzeit

Tipp

Die Torte kann man natürlich farblich super anpassen; wenn sie für einen Jungen gemacht wird, bieten sich beispielsweise verschiedene Blautöne statt Pink und Rosa an.

1

Für den ersten Schuh ca. 25 g weißen Modellierfondant mit dem Rollstab 5 mm dick ausrollen. Daraus anschließend mithilfe einer passenden Schablone oder freihändig …

2

… eine ca. 10 cm lange und 5 cm breite Schuhsohle ausschneiden.

3

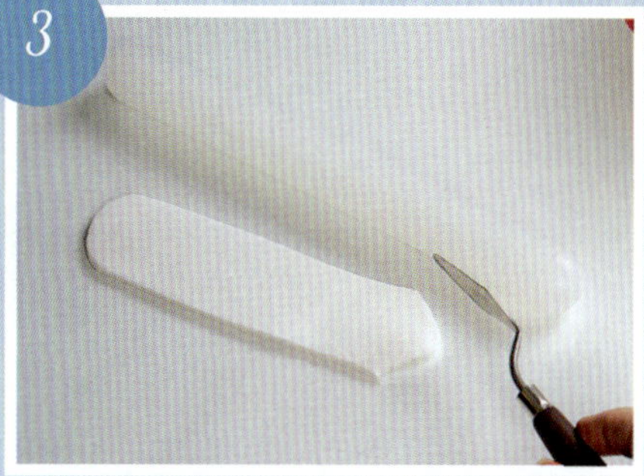

Für das Seitenteil des Schuhs 25 g weißen Modellierfondant 5 mm dick ausrollen. Daraus dann einen 3,5 cm breiten und 17 cm langen Streifen ausschneiden.

4

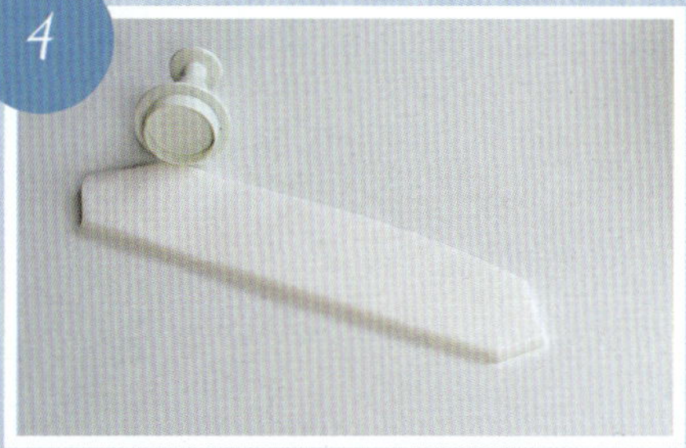

Die Enden des Streifens zu Dreiecken zuschneiden. Für den nächsten Schritt benötigt man einen kleinen runden Ausstecher, ….

5

… mit dem man auf einer langen Seite des Seitenteils halbe Kreise eng nebeneinander aussticht, damit ein zackiges Muster entsteht.

6

Den senkrechten Rand der vorbereiteten Schuhsohle rundum mithilfe eines Pinsels mit Zuckerkleber einstreichen …

7

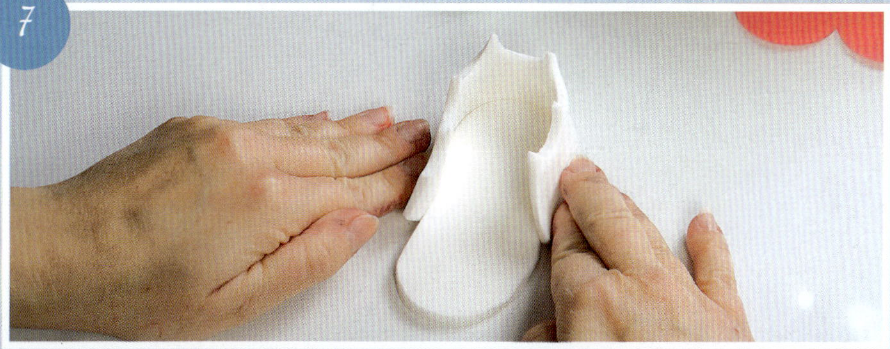

… und das vorbereitete Seitenteil darum befestigen. Dabei zuerst die Mitte des Seitenteils am hinteren Schuhteil anlegen, damit man das Seitenteil gleichmäßig um den Schuh legen kann. Der gezackte Teil zeigt nach oben.

8

Aus 15 g weißem Modellierfondant einen ca. 2 cm dicken Strang rollen und daraus einen Halbmond formen.

9

Den Halbmond auf dem vorderen Teil der Schuhsohle als Zehenkappe festkleben.

10

Für die Lasche 25 g weißen Modellierfondant ausrollen und einen ca. 8 cm langen und 5 cm breiten Streifen ausschneiden. Dieses Teil an der einen langen Seite abgerundet und an der anderen langen Seit gerade zuschneiden.

11

An der geraden langen Seite nun mit dem kleinen runden Ausstecher wieder halbe Kreise ausstechen.

12

Die Lasche mit Zuckerkleber bestreichen und auf der Zehenkappe befestigen. Die gezackte Seite zeigt dabei nach oben. Die Seiten der Lasche können dabei etwas über das Seitenteil ragen.

13

Für das Riemchen ca. 8 g weißen Modellierfondant ausrollen und daraus einen 9 cm langen und 2 cm breiten Streifen ausschneiden. Die beiden Enden schräg anschneiden. Mit dem kleinen runden Ausstecher …

14

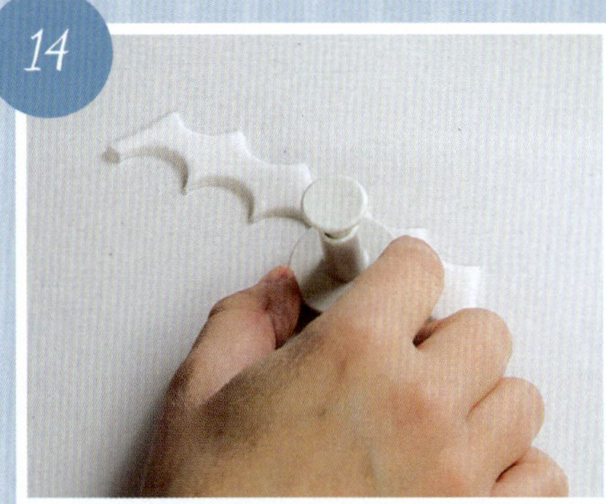

… auf beiden langen Seiten des Riemchens wieder Kreise für Zacken ausstechen.

15

Das Riemchen oben mit etwas Abstand zur Lasche über den Schuh legen und an beiden Seitenteilen ankleben. Dabei andrücken und nur wenig Kleber verwenden!

16

Zum Stabilisieren ein Taschentuch unter das Riemchen legen. Auf die gleiche Weise den zweiten Schuh modellieren und beide Schuhe ca. 12 Stunden trocknen lassen.

17

Für die Blüten auf der Torte jeweils 5 g dunkelpinke und rosafarbene Blütenpaste dünn ausrollen. Mit dem kleinen Blütenausstecher insgesamt sechs Blüten ausstechen.

18

Die Blüten mit der Unterseite nach oben auf das Foam Pad legen und ca. 2 Minuten antrocknen lassen. So bleiben sie danach nicht in der Silikonform kleben.

19

Die Blüten nacheinander in den Silikonpräger legen …

20

… und den Präger zusammendrücken, …

21

… damit die Blüten eine natürliche Struktur und Form erhalten.

22

Die Blüten für 2–3 Stunden zum Trocknen in eine Schachtel mit kleinen Mulden legen.

23

Für das Blütenbett, auf dem die Schuhe stehen werden, die pinkfarbene Blütenpaste 2–3 mm dünn ausrollen …

24

… und mit dem großen tropfenförmigen oder runden Ausstecher zwölf Blätter ausstechen.

25

Die Blätter auf das Foam Pad setzen und jedes Blatt mit dem Ball Tool an den Rändern rundherum ausdünnen. Dabei werden sie wellig und erhalten eine natürliche Form.

26

Anschließend die ausgedünnten pinken Blütenblätter auf der Unterseite jeweils mit ein wenig Zuckerkleber einstreichen …

27

… und in einem großen Kreis oben auf der Torte ankleben.

28

Dabei die Blätter etwas überlappend anordnen.

Tipp

Anstelle der Blütenpaste kann auch Modellierfondant verwendet werden. Dann müssen die Blätter jedoch etwas antrocknen oder mit einem Taschentuch stabilisiert werden, damit sie schön in Form bleiben und nicht flach auf die Torte fallen.

29

Auf den Blütenkreis nach innen hin weitere Blätter aufkleben, …

30

… sodass der Kreis vollständig geschlossen ist.

31

Für die Verzierung der Schuhe den restlichen weißen Modellierfondant dünn ausrollen und daraus mit dem kleinen Blütenausstecher Blüten ausstechen. Einen Teil mit Zuckerkleber auf den ersten Schuh kleben.

32

Den zweiten Schuh auf die gleiche Weise verzieren.

33

Die Mitte der Torte mit Zuckerkleber bestreichen und die Schuhe dann vorsichtig auf das Blütenbett setzen.

34

Nach dem Trocknen in die Mitte der Blüten jeweils einen Klecks Zuckerkleber geben und je eine rosafarbene Zuckerperle hineinsetzen.

35

Für das Couchmuster mit einem Lineal am senkrechten Kuchenrand einen ersten schrägen Streifen eindrücken.

36

Mit dem Lineal parallel dazu weitere Linien im Abstand von je ca. 2 cm rund um den ganzen Kuchen ziehen.

37

Quer zu diesen Streifen dann Linien ziehen, die jeweils einen unteren Punkt mit einem schräg darüberliegenden Punkt verbinden, sodass es in der Mitte Schnittpunkte gibt. Dabei entstehen Rauten.

38

Mit einem Zahnstocher an den Schnittpunkten in der Mitte nach rechts und links sowie nach oben und unten kleine Striche einritzen; so entstehen Falten.

39

In alle Schnittpunkte etwas Zuckerkleber geben und mithilfe einer Pinzette in jeden der Punkte rosafarbene Perlen setzen.

40

Als Alternative kann man auch einen Patchwork-Cutter mit Couchmuster verwenden, den man in Tortenshops kaufen kann.

41

Zuletzt die Blümchen mit Zuckerkleber auf der Torte anbringen.

Tipp

Möchte man, dass die Schuhe ganz schnell austrocknen, kann man anstelle des Modellierfondants auch Blütenpaste nehmen. Wenn die Torte angeschnitten wird, kann man die Schuhe natürlich von der Torte runternehmen und aufheben!

Videotipp

Kleine Blüten mit Ausstecher und passendem Silikonpräger herstellen

In der Weihnachtsbäckerei

Schwierigkeitsgrad

ZUTATEN FÜR EINE TORTE

Tortenbasis: runde Torte mit 25 cm Durchmesser (Grundrezept 1,5 x), runde Torte mit 15 cm Durchmesser (Grundrezept 0,5 x)

Zum Eindecken der Tortenbasis: große Torte eingedeckt mit 750 g und kleine Torte eingedeckt mit 300 g rotem Rollfondant

Blütenpaste: Rot 80 g, Grün 25 g

ARBEITSMATERIAL

Calla- oder Herzausstecher in zwei verschiedenen Größen (Durchmesser beispielsweise 3 cm und 5 cm), Rollstab, Messer oder Modellierwerkzeug zum Schneiden, Foam Pad, Ball Tool, Zahnstocher, Ess- und Teelöffel zum Trocknen der Blätter, Papiertaschentücher, Pinsel, runde Cake Card mit 15 cm Durchmesser, fünf Bambusstäbe, Gartenschere, Schmirgelpapier, Pinzette Lebensmittel-Puderfarben Rot und Grün, Eiweißspritzglasur (Icing), Blattgold (4–5 Blatt), Zuckerkleber, goldene Zuckerperlen

Dekozeit: 5 Std. zzgl. 12 Std. Trockenzeit

Tipp

Blattgold erhält man in vielen Tortenshops in kleinen Büchlein. Da ist das Blattgold dann immer zwischen zwei Folien aufgebracht. Essbares Blattgold wird als Lebensmittelfarbstoff E 175 in den Verkehr gebracht. Es ist nicht für den täglichen Verzehr gedacht, sondern dient als (essbare) Verzierung.
Anstelle der Calla-Ausstecher kann man auch Herzausstecher in zwei verschiedenen Größen verwenden und verkehrt herum, also mit der Spitze nach oben, zum Ausstechen benutzen.

1

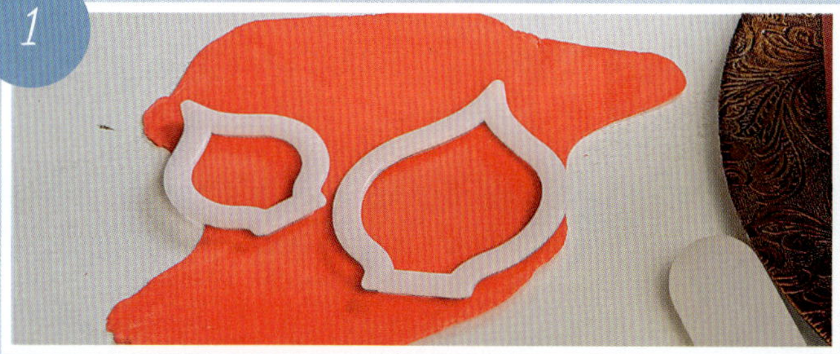

Für die Weihnachtssterne werden Calla- oder Herzausstecher in zwei verschiedenen Größen benötigt. Für die große Blüte in der Mitte der Torte 50 g rote Blütenpaste ausrollen. Daraus fünf große und fünf kleinere Blütenblätter ausstechen. Für die kleinere Blüte 20 g rote Blütenpaste ausrollen und fünf kleinere Blütenblätter ausstechen.

2

Die Blütenblätter mit einem Messer oder Modellierwerkzeug vorsichtig von der Arbeitsfläche lösen …

3

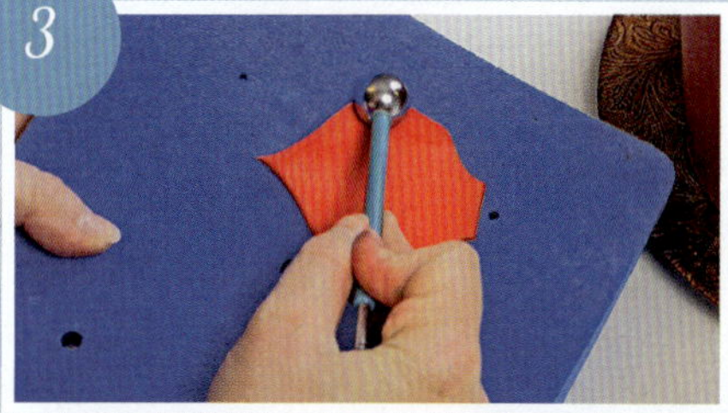

… und auf das Foam Pad legen. Jedes Blatt an den Rändern mit dem Ball Tool rundherum ausdünnen. Dabei werden sie automatisch wellig und erhalten dadurch eine natürliche Form.

4

Die Mitte der Blütenblätter der Länge nach mit einem Zahnstocher einzeichnen.

5

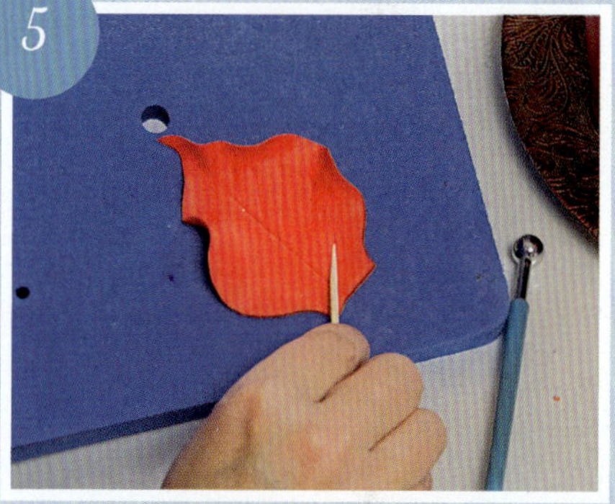

Von der Blattmitte aus werden nach außen hin Blattadern eingeritzt.

6

Die größeren Blütenblätter auf Esslöffel legen, die kleinen Blätter auf Teelöffel geben.

7

Rote Puderfarbe auf ein Taschentuch geben und mit einem Pinsel aufnehmen. Die Blütenblätter damit abpudern; dadurch erhalten sie eine natürliche Schattierung. Die Blätter ca. 12 Stunden trocknen lassen.

8

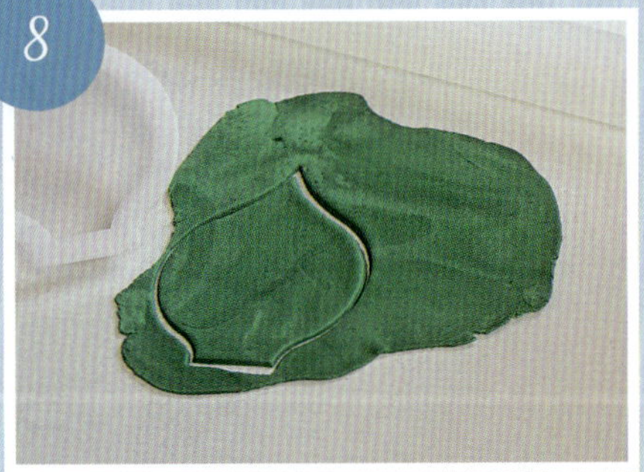

Die grüne Blütenpaste ausrollen und daraus dann vier große Blätter ausstechen.

9

Diese Blätter werden ebenfalls auf dem Foam Pad mit dem Ball Tool an den Rändern ausgedünnt.

10

Blattadern einzeichnen, Blätter mit grüner Puderfarbe abpudern und 12 Stunden auf einem Löffel trocknen lassen.

11

Zum Stapeln der Torte werden die runde Cake Card, ein Zahnstocher, Bambusstäbe, eine Gartenschere, Schmirgelpapier, etwas Eiweißspritzglasur (Icing) und ein Messer oder Modellierwerkzeug zum Auftragen benötigt.

12

Zuerst wird die Cake Card mittig auf das untere Tortenstockwerk gelegt, und mit dem Zahnstocher zeichnet man rundherum den Rand ein. Dann die Cake Card wieder herunternehmen.

13

Den ersten Bambusstab in die Mitte dieses Kuchens stecken. Den Stab wieder herausnehmen …

14

… und an der Stelle, an der er aus dem Kuchen kommt, mit der Gartenschere abschneiden.

15

Die Enden abschmirgeln. So vier weitere Stäbe vorbereiten. Den ersten Stab in die Mitte des Kuchens stecken, die restlichen in regelmäßigen Abständen am inneren Rand der Markierung für die Cake Card entlang.

16

Die Mitte des großen Kuchens mit Eiweißspritzglasur (Icing) einstreichen, damit die Cake Card darauf kleben bleibt.

17

Anschließend den kleineren Kuchen mit der Cake Card vorsichtig auf das untere Stockwerk setzen.

18

Essbares Blattgold kann man mithilfe eines Pinsels oder einer Messerspitze auf der Torte anbringen, oder man nimmt die Folie zu Hilfe, auf der es aufgebracht ist. So erhält man schöne Retro-Effekte.

19

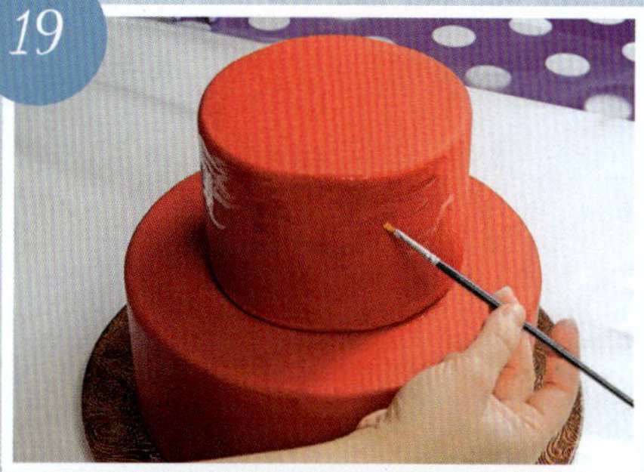

Das obere Tortenstockwerk wird jetzt rundum mit etwas Zuckerkleber eingestrichen.

20

Das erste Blatt Blattgold an der mit Zuckerkleber bestrichenen Stelle leicht andrücken. Die Folie vorsichtig abziehen.

Tipp

Das Blattgold nicht mit den Fingern anfassen, denn es bleibt direkt kleben und löst sich dann nur noch schwer!

21

Um ein antikes Aussehen zu erhalten, mit einem Pinsel vorsichtig kleine Löcher und Striche in das Blattgold ritzen.

22

Das Blattgold auf die gleiche Weise jetzt rundherum am oberen Stockwerk anbringen, bearbeiten und bei Bedarf noch nachbessern.

23

Die getrockneten Blätter werden jetzt zu Weihnachtssternen zusammengeklebt. Dafür zuerst eine Kugel aus 5 g roter Blütenpaste rollen.

24

Die rote Kugel unten platt drücken und oben rundum mit Zuckerkleber einstreichen.

25

Wie bei einem Steckschwamm werden die Blätter (vorsichtig) in den roten Kegel gedrückt.

26

So zuerst die fünf großen Blätter in regelmäßigen Abständen außenrum anbringen, …

27

… danach die fünf kleineren Blätter innen ankleben. Auf den freien Teil der Kugel mit einer Pinzette goldene Perlen kleben. Mit den übrigen roten Blättern und der restlichen Blütenpaste eine kleinere Blüte herstellen.

28

Zum Schluss die grünen Blätter unten am großen Weihnachtsstern mit Zuckerkleber anbringen.

29

Am Rand des oberen Stockwerks etwas Eiweißspritzglasur auftragen und die große Blüte daran befestigen.

30

Als Tortenabschluss mit Zuckerkleber um das untere Stockwerk herum mithilfe der Pinzette einen Abschluss aus goldenen Zuckerperlen anbringen.

31

Die kleinere Blüte am unteren Tortenrand festkleben.

Videotipp

Weihnachtsstern modellieren leicht gemacht

Advent, Advent, ein Lichtlein brennt …

Schwierigkeitsgrad

ZUTATEN FÜR EINE TORTE

Tortenbasis: runde Torte mit 26 cm Durchmesser (Grundrezept 1 x)

Zum Eindecken der Tortenbasis: 750 g weißer Rollfondant

Modellierfondant: Dunkelgrün 200 g, Rot 160 g

ARBEITSMATERIAL

Rollstab, Ausstecher für Stechpalmenblätter mit Präger in verschiedenen Größen, Messer oder Modellierwerkzeug zum Schneiden, Pinsel, Papiertaschentücher

Zuckerkleber, Makkaroni, Lebensmittelspray Glanz, Lebensmittel-Puderfarbe Gold

Dekozeit: 2 Std. zzgl. 2 Std. Trockenzeit

Tipp

Hat man keine passenden Ausstecher für Stechpalmenblätter, kann man auch Vorlagen im Internet suchen, diese dann auf (festem) Papier ausdrucken, ausschneiden und als Schablone benutzen.

1

Für die Stechpalmenblätter den grünen Modellierfondant mit dem Rollstab dünn ausrollen.

2

Die verschiedenen Blätterausstecher jeweils in den ausgerollten Modellierfondant drücken …

3

… und danach den Stempel nach unten drücken, um Struktur auf die Blätter zu prägen.

4

Den umliegenden Fondant von den ausgestochenen Blättern lösen. Mit einem Messer oder Modellierwerkzeug die Blätter von der Arbeitsfläche lösen. Auf diese Weise ca. 40 Blätter in unterschiedlichen Größen herstellen.

5

Den äußeren Rand der Torte mit Zuckerkleber einstreichen.

6

Die Blätter überlappend am Rand der Torte entlang aufkleben, sodass ein grüner Kranz entsteht.

7

Aus ca. 10 g rotem Modellierfondant zehn unterschiedlich große Kügelchen rollen und diese dann in unregelmäßigen Abständen auf dem Blätterkranz aufkleben.

8

Um die Schleife zu modellieren, werden aus ca. 80 g rotem Modellierfondant zwei gleich große, jeweils ca. 10 cm lange, 6 cm breite und 3 mm dicke Stränge ausgerollt.

9

Den ersten Strang an den Enden auf beiden Seiten zur Mitte hin einschlagen. Am besten zu einem Herz einschlagen, damit die Schleife später Falten erhält.

10

Die beiden Enden des Fondantstranges zusammenfalten.

11

Die Schritte mit dem zweiten Strang wiederholen.

12

Für das Mittelstück der Schleife 5 g roten Modellierfondant zu einem 1 cm breiten und 5 cm langen Rechteck ausrollen.

13

Damit die Schleife nicht in sich zusammenfällt, sollte sie mit Taschentüchern stabilisiert werden. Dafür Taschentücher zusammenrollen und durch die beiden Schleifenhälften stecken. Die beiden Hälften mit Zuckerkleber aneinander befestigen.

14

Bei dem Mittelteil der Schleife werden auf beiden Seiten die Enden eingeschlagen.

15

Das Mittelstück um die beiden großen Hälften legen und mit Zuckerkleber festkleben. Die Schleife ca. 2 Stunden trocknen lassen.

16

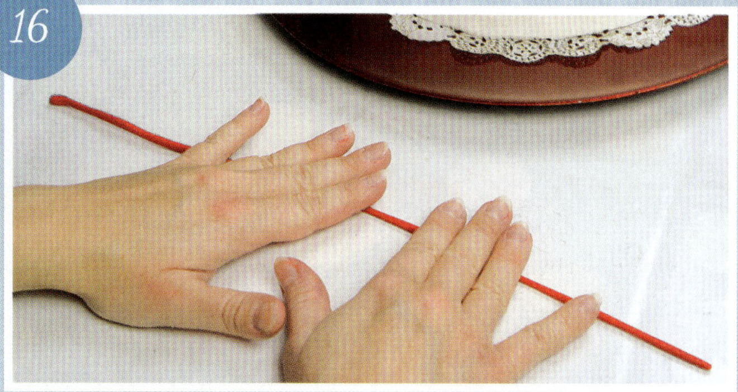

Für die erste Spirale aus ca. 5 g rotem Modellierfondant mit den Händen einen langen Strang rollen.

17

Den Strang um eine Makkaroni legen und so um die Nudel wickeln, dass es am oberen Ende eine Schnittstelle gibt. Den Fondant hier aneinander festkleben.

18

Den Strang vorsichtig und gleichmäßig aufwickeln und so dann ca. 1 Stunde trocknen lassen. Auf die gleiche Weise einen zweiten Strang herstellen.

19

Die Schleifenbänder werden aus dem übrigen roten Modellierfondant geformt. Dafür zwei jeweils ca. 15 cm lange und 3 cm breite Streifen ausrollen und zurechtschneiden.

20

An jeweils einem Ende der beiden Bänder mit dem Messer oder Modellierwerkzeug zum Schneiden nach innen ein Dreieck ausschneiden.

21

Auch hier werden jeweils auf der gerade abgeschnittenen kurzen Seite die Enden eingeschlagen, damit das Band Falten wirft.

22

Die Schleifenbänder mit Zuckerkleber auf der Torte befestigen. Die Schleife auf die Bänder setzen und ebenfalls ankleben.

23

Die Spiralen ebenfalls unter der Schleife befestigen.

24

Mit dem Lebensmittelspray dem Kranz einen natürlichen Glanz geben.

25

Mit der goldenen Puderfarbe und einem feinen Pinsel …

26

… den Blätterkranz mit goldenen Akzenten versehen.

Tipp

Als ausgefallenes Innenleben der Torte bietet sich ein Stern im Kuchen an. Ein Rezept dafür findet ihr ab Seite 7. Und wer mag, kann aus der weihnachtlichen Torte ein passendes Muttertagsgeschenk machen: den Stern im Innenleben durch ein Herz ersetzen und als Fondantfarben dann beispielsweise Rosa und Rot verwenden.

Videotipp

Schleife modellieren leicht gemacht

Ich schmeiß` alles hin und werde Prinzessin!

Schwierigkeitsgrad

ZUTATEN FÜR EINE TORTE

Tortenbasis: runde Torte mit 26 cm Durchmesser (Grundrezept 1 x)

Zum Eindecken der Tortenbasis: 750 g pinkfarbener Rollfondant

Blütenpaste: Weiß 80 g

Modellierfondant: Pink 120 g, Grün 3 g

ARBEITSMATERIAL

Kronenschablone mit fünf Zacken (ca. 12 cm hoch und 20 cm breit), Rollstab, Messer oder Modellierwerkzeug zum Schneiden, Herzausstecher in verschiedenen Größen, kleiner runder Ausstecher, Pinsel, Tasse und Backpapier, Blätterausstecher mit Präger rosa- und perlmuttfarbene Zuckerperlen, Zuckerkleber, Lebensmittelspray Perlmutt

Dekozeit: 3 Std. zzgl. 12 Std. Trockenzeit

1

Um die Krone zu modellieren, eine passende Schablone auf Papier ausdrucken und zuschneiden. Alternativ kann man auch eine aufzeichnen und dann ausschneiden.

2

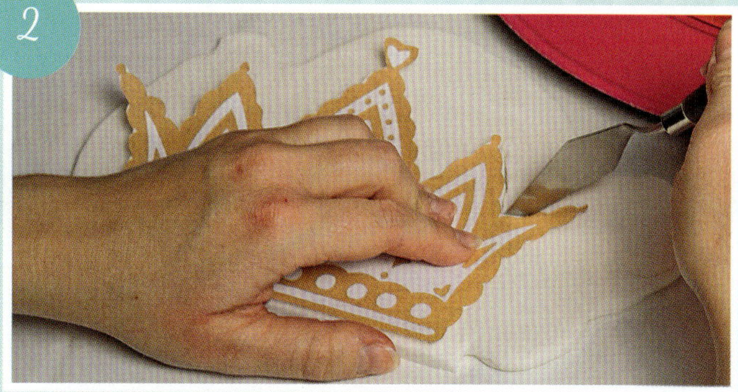

Für die Krone die Blütenpaste ca. 1 cm dick ausrollen. Mit einem Messer oder Modellierwerkzeug am äußeren Rand der Krone entlangschneiden.

3

Dann die überschüssige Blütenpaste entfernen.

4

Unter dem mittleren Zacken der Krone mit einem umgedrehten Herz eine Verzierung ausstechen.

5

Mit verschiedenen kleineren Ausstechern in Herzform …

6

… nun weitere Verzierungen in der Krone ausstechen.

7

Am unteren Rand mit einem kleinen runden Ausstecher Kreise ausstechen.

8

Die Zacken der Krone werden mit rosafarbenen Zuckerperlen verziert. Die Perlen mit jeweils einem Tupfen Zuckerkleber befestigen.

9

Damit die Krone in Form trocknen kann, umwickelt man eine Tasse mit Backpapier.

10

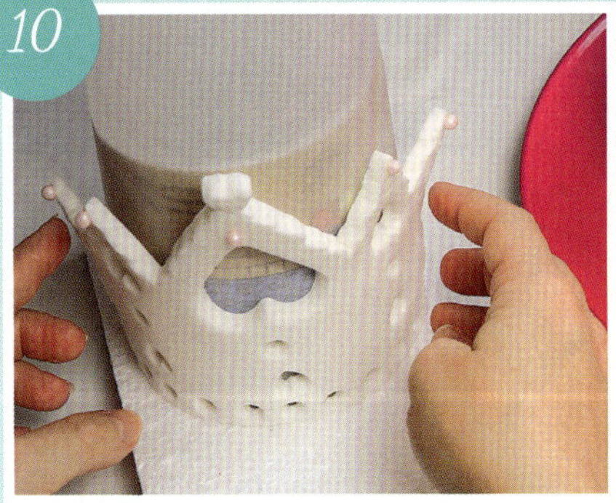

Die Krone vorsichtig um die Tasse legen, andrücken und ca. 12 Stunden trocknen lassen.

11

Danach die Krone von Tasse und Backpapier lösen und mit Perlmuttspray besprühen.

Tipp

Sehr schöne Alternativen zum Perlmuttglanz für die Krone sind Lebensmittelsprays in Gold oder Silber.

12

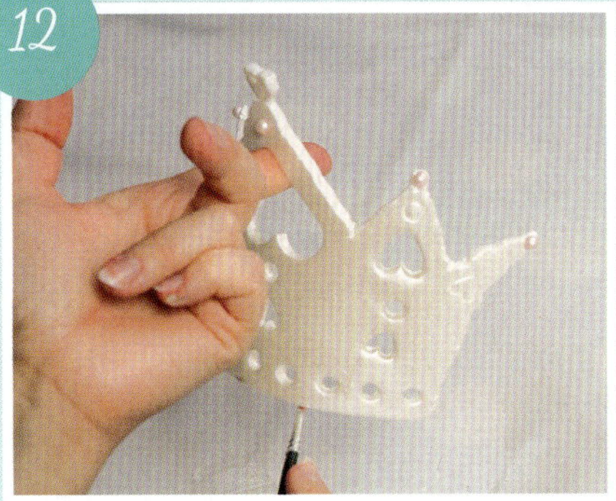

Die Unterseite der Krone mit Zuckerkleber einstreichen und die Krone oben mittig auf die Torte kleben.

13

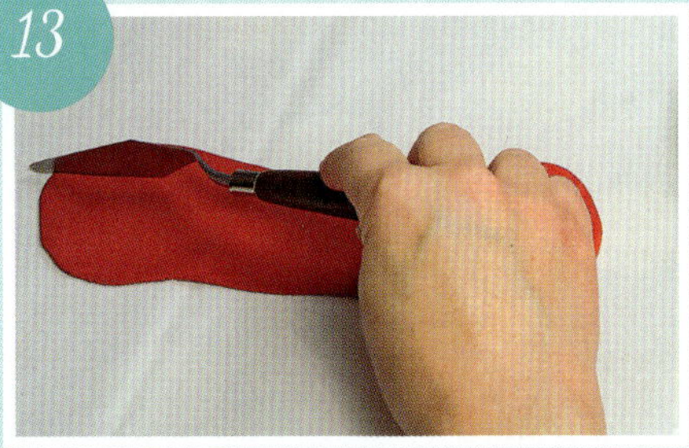

Für die Rosetten den pinkfarbenen Modellierfondant zuerst ca. 2 mm dünn ausrollen. Dann daraus ca. zwölf Streifen schneiden. Diese sollten jeweils ca. 15 cm lang und 5 cm breit sein.

14

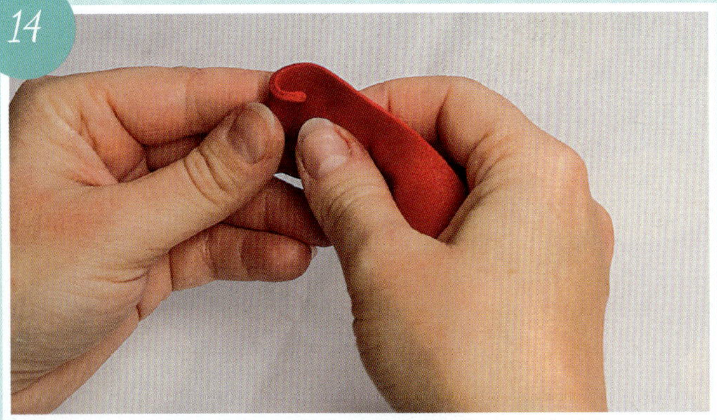

Die erste Rosette der Länge nach einrollen. Dafür den unteren Rand enger aufrollen und oben lockerer halten, …

15

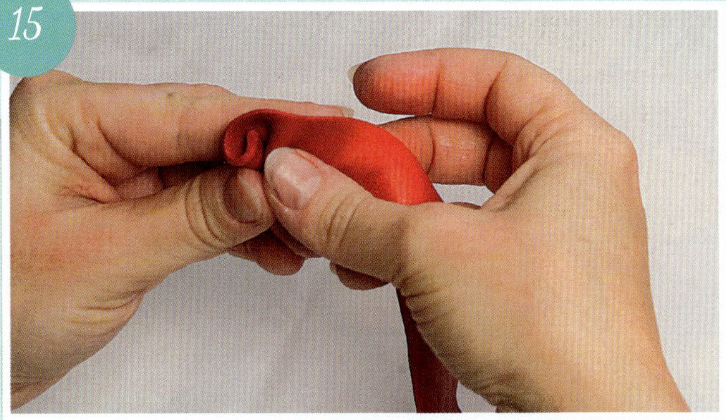

… damit die Rosette nach oben hin geöffnet aussehen wird.

16

Den Streifen nach und nach locker aufrollen.

17

Beim Aufrollen immer darauf achten, …

18

… dass der Streifen am oberen Rand locker eingeschoben wird.

19

Wenn die Rosette fertig aufgerollt ist, den Fondant unter der Blüte mit den Fingern zusammendrücken. Den überschüssigen Fondant direkt unter der Rosette waagerecht abschneiden.

20

Die Rosetten unten mit Zuckerkleber einstreichen. Zwei Blüten auf der Torte neben der Krone befestigen.

21

Die übrigen Rosetten in einem gleichmäßigen Abstand von jeweils ca. 10 cm zueinander am Rand der Torte ankleben.

22

Zwischen den Blüten am Tortenrand jeweils ca. sieben perlmuttfarbene Perlen bogenförmig ankleben. Am besten in der Mitte mit einer Perle beginnen, die relativ tief steht …

23

… und dann links und rechts daneben in etwa gleicher Höhe zwei weitere Perlen befestigen. Dann folgen auf jeder Seite zwei weitere Perlen, die jeweils etwas höher stehen.

Tipp

Anstatt den Tortenrand mit Perlen zu verzieren, kann man auch eine Girlande aus Eiweißspritzglasur auftragen. Oder man lässt die Girlande am Tortenrand weg und wählt dafür beispielsweise das Stepp- bzw. Couchmuster. Wie das geht, findet ihr auf Seite 77 und 78.

24

Für die Blätter den grünen Modellierfondant ausrollen. Mit einem Blätterausstecher zwei Blätter ausstechen und mithilfe des Prägers Struktur auf die Blätter bringen.

25

Die Blätter mit Zuckerkleber auf der Torte an den Rosetten anbringen.

Videotipp

Kleine Blüten modellieren leicht gemacht

PRINZESSINNENTORTE

Ahoi – klar zum Entern!

Schwierigkeitsgrad

ZUTATEN FÜR EINE TORTE

Tortenbasis: runde Torte mit 20 cm Durchmesser (Grundrezept 1 x), runde Torte mit 15 cm Durchmesser (Grundrezept 0,5 x)

Zum Eindecken der Tortenbasis: große Torte eingedeckt mit 500 g und kleine Torte eingedeckt mit 300 g blauem Rollfondant

Blütenpaste: Schwarz 45 g, Weiß 10 g

Rollfondant: Rot 150 g, Weiß 150 g

Modellierfondant: Braun 250 g, Schwarz 35 g, Weiß 100 g

ARBEITSMATERIAL

Pinsel, Rollstab, Messer oder Modellierwerkzeug zum Schneiden, Unterlage, runde Cake Card mit 15 cm Durchmesser, Zahnstocher, fünf Bambusstäbe, Gartenschere, Schmirgelpapier, Papiertaschentücher, runde Ausstecher in verschiedenen Größen Zuckerkleber, Spaghetti, Lebensmittelspray Silber, Eiweißspritzglasur (Icing), Lebensmittel-Puderfarbe Gold, goldene Zuckerperlen, Zuckerdiamanten

Dekozeit: 5 Std. zzgl. 12 Std. Trockenzeit

1

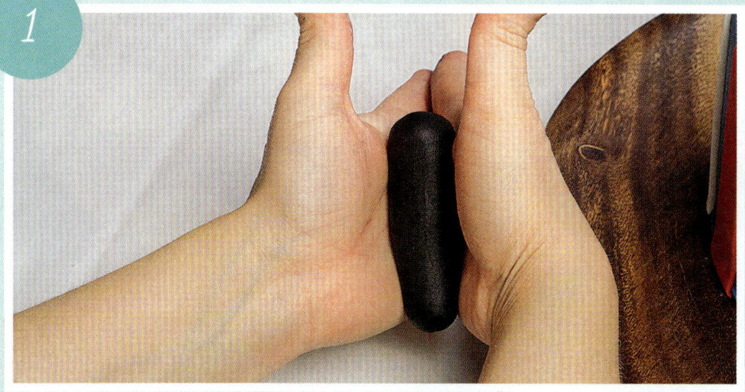

Zuerst werden die Bestandteile des Säbels hergestellt. Für den Griff zuerst aus ca. 30 g schwarzer Blütenpaste einen 10 cm langen Strang rollen.

2

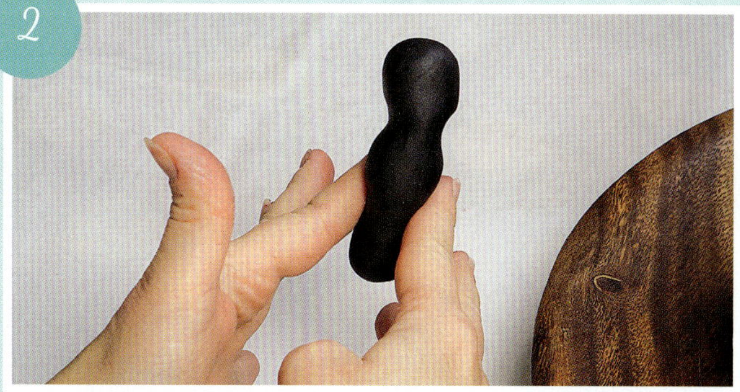

Diesen Strang an zwei Stellen zwischen zwei Fingern tailliert rollen, sodass man am Säbelgriff dann Einkerbungen erhält.

3

Die beiden Enden des Griffes werden platt gedrückt.

4

Von der restlichen schwarzen Blütenpaste zwei kleine Kügelchen abnehmen und beiseitelegen, aus dem Rest einen dünnen und ca. 12 cm langen Strang rollen.

5

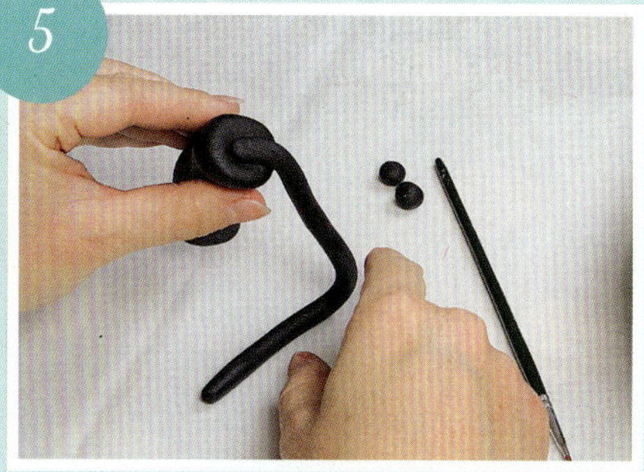

Den Strang bogenförmig an den Griff legen und oben und unten mit Zuckerkleber befestigen. Den Übergang mit den beiseitegelegten schwarzen Kugeln verdecken.

6

Ein ca. 20 cm langes Stück Spaghetti mit Zuckerkleber einstreichen und vorsichtig zur Hälfte in den Griff eindrehen. Dann ca. 12 Stunden trocknen lassen.

7

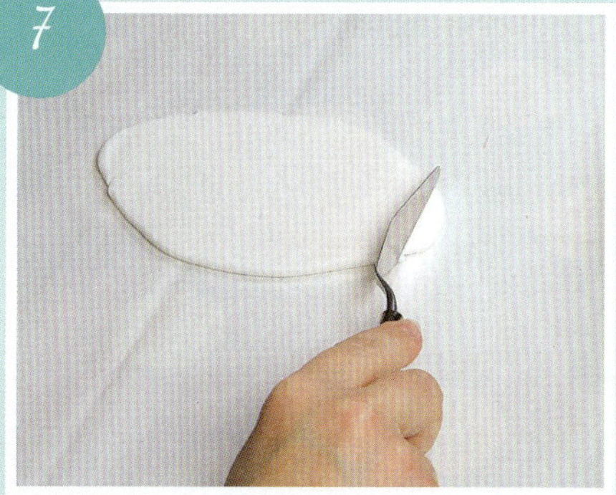

Für die Klinge des Säbels die weiße Blütenpaste ausrollen …

8

… und daraus die Messerklinge für den Säbel ausschneiden.

9

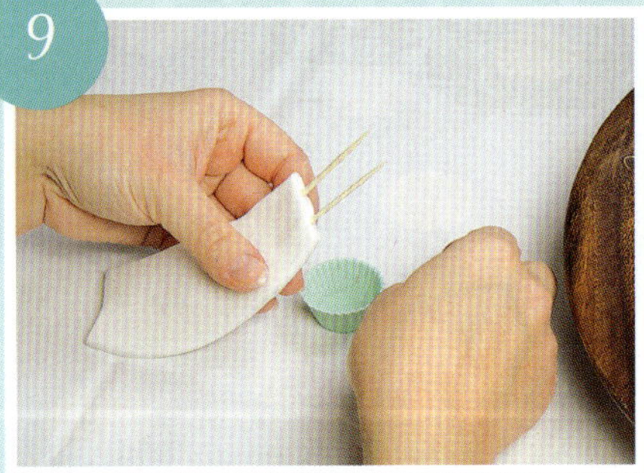

Zwei ca. 8 cm lange Spaghettistücke mit Zuckerkleber einstreichen und an der Seite, die in die Torte gesteckt wird, vorsichtig zur Hälfte eindrehen.

10

Die Säbelklinge auf eine Unterlage geben und dann auf beiden Seiten mit silberfarbenem Lebensmittelspray einfärben.

11

Die Säbelklinge ca. 12 Stunden trocknen lassen.

12

Den roten Rollfondant dünn ausrollen, und mit einem Messer oder dem Modellierwerkzeug zum Schneiden daraus sieben Streifen schneiden. Diese sollten jeweils 2 cm breit und ca. 15 cm lang sein.

13

Die Streifen vorsichtig mit dem Messer oder dem Modellierwerkzeug von der Arbeitsfläche lösen.

14

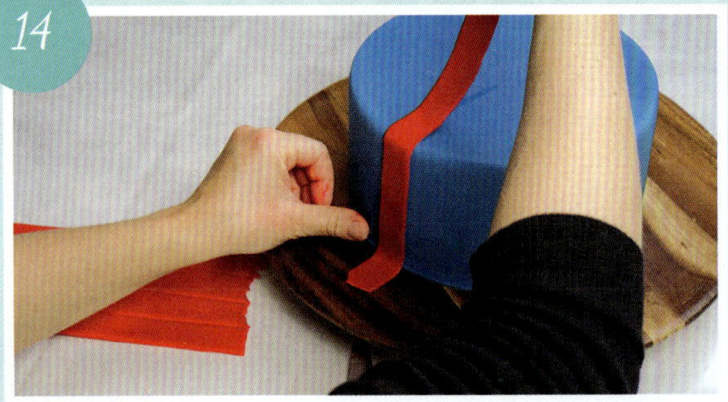

Den ersten roten Streifen mit Zuckerkleber auf dem Kuchen befestigen. Vorsicht beim Anheben, damit er sich nicht verzieht. Der Streifen soll über den ganzen Rand bis oben zur Mitte des Kuchens reichen.

15

Den überschüssigen Fondant am unteren Rand der Torte gerade abschneiden.

16

Danach den Fondantstreifen bei Bedarf in der Mitte des Kuchens ebenfalls mit dem Messer oder Modellierwerkzeug kürzen.

17

Die übrigen roten Streifen in gleichmäßigen Abständen von ca. 9 cm auf dem Kuchen anbringen. Aus dem weißen Rollfondant sieben Stränge schneiden, die jeweils 1 cm breit und ca. 15 cm lang sind.

18

Die weißen Fondantstreifen werden nun jeweils mittig zwischen den roten Streifen mit Zuckerkleber angebracht, sodass alle Lücken gefüllt sind. Auch sie werden am Rand und in der Mitte gekürzt.

Tipp

Sollten die Streifenfarben sich nicht abwechseln und die Reihenfolge nicht aufgehen, ist das nicht schlimm. Das passt zu einer Piratentorte!

19

Zum Stapeln der Torte werden die runde Cake Card, ein Zahnstocher, Bambusstäbe, eine Gartenschere, Schmirgelpapier, etwas Eiweißspritzglasur (Icing) und ein Messer oder Modellierwerkzeug zum Auftragen benötigt.

20

Zuerst wird die Cake Card mittig auf den gestreiften Kuchen gelegt. Mit dem Zahnstocher den Rand einzeichnen und die Cake Card danach wieder herunternehmen.

21

Die Mitte des gestreiften Kuchens mit Eiweißspritzglasur einstreichen, damit die Platte später darauf kleben bleibt.

22

Den ersten Bambusstab in die Mitte dieses Stockwerks stecken. Den Stab wieder herausnehmen und an der Stelle, an der er aus dem Kuchen kommt, mit einer Gartenschere abschneiden. Die Enden abschmirgeln.

23

Auf diese Weise vier weitere Stäbe in gleicher Höhe vorbereiten. Den ersten Stab in die Mitte des Kuchens stecken, die restlichen in regelmäßigen Abständen am inneren Rand der Markierung für die Cake Card entlang.

24

Das obere Stockwerk mit Cake Card vorsichtig aufsetzen.

25

Für das Unterteil der Schatztruhe 180 g braunen Modellierfondant 10 cm lang und 5 cm breit rollen und etwas platt drücken. Um scharfe Kanten zu erhalten, die Seiten mit einem Messer gerade zuschneiden.

26

Die Truhe innen mit einem Messer im Abstand von 1 cm zum Rand ringsum einritzen und aushöhlen.

27

Die Schatztruhe mit den Fingern in Form bringen …

28

… und mit einem Messer Holzstruktur einritzen.

29

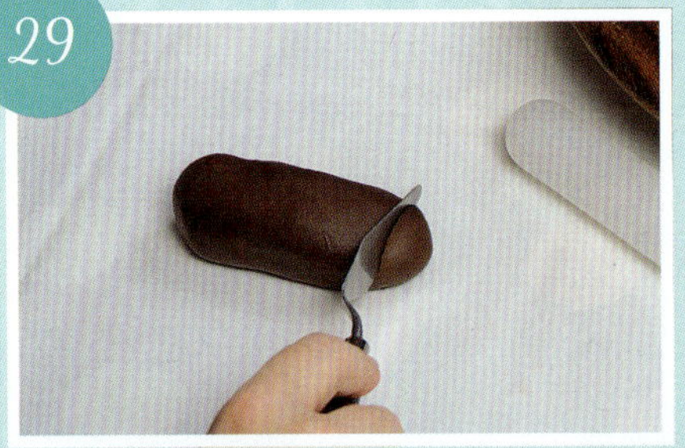

Für den Deckel der Truhe den restlichen braunen Modellierfondant 10 cm lang und 4 cm breit ausrollen und die Seiten ebenfalls mit einem Messer gerade zuschneiden.

30

Mit dem Rollstab dann nur über die Seiten des Deckels rollen, damit diese abgeflacht werden und die Mitte dicker bleibt. So erhält der Deckel eine gebogene Form.

31

Die Seiten des Deckels mit einem Messer oder dem Modellierwerkzeug gerade schneiden.

32

Damit der Deckel seine gebogene Form behält, über einem aufgerollten Taschentuch trocknen lassen.

33

Mit einem Messer oder dem Modellierwerkzeug Holzstruktur in den Deckel einritzen.

34

Quer über den Deckel mit einem Pinsel Zuckerkleber auftragen, um die Beschläge anzubringen.

35

Für die Beschläge des Deckels benötigen wir 5 g schwarzen Modellierfondant. Die Hälfte abnehmen und davon einen kleinen Teil beiseitelegen, den Rest ausrollen und zu zwei 5 mm breiten und ca. 5 cm langen Streifen schneiden. Die Streifen auf dem Deckel befestigen.

36

Auf die vorderen Enden der schwarzen Beschläge jeweils einen Klecks Zuckerkleber geben, …

37

… aus dem beiseitegelegten Fondant zwei kleine Kugeln formen und diese auf dem Fondantstreifen befestigen.

38

Für das Unterteil der Truhe genauso Beschläge und Kugeln formen. Die Beschläge auf der Truhe anbringen.

39

Die zwei schwarzen Fondantkugeln am oberen Rand der Truhe mit Zuckerkleber befestigen.

40

Für die Fahne 30 g schwarzen Modellierfondant ausrollen und eine Fahnenform ausschneiden.

41

An einer Seite der Fahne mit einem Messer Fransen einritzen. Dann vorsichtig von der Unterlage lösen.

42

Die schwarze Fahne mit Zuckerkleber am Rand des oberen Tortenstockwerks befestigen.

43

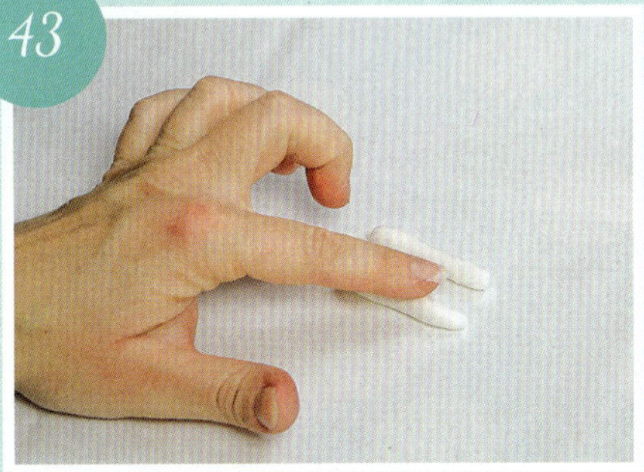

Für die Knochen aus je 2 g weißem Modellierfondant zwei 4 cm lange längliche Stränge rollen.

44

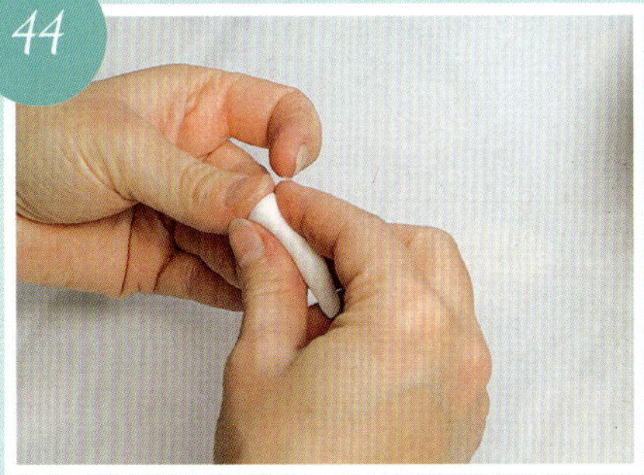

Die weißen Fondantstränge an den beiden Enden jeweils breiter werden lassen.

45

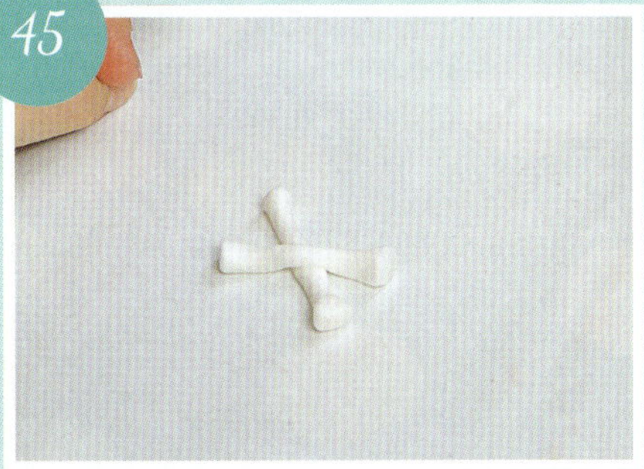

Diese Fondantknochen über Kreuz legen, mit Zuckerkleber aneinander befestigen …

46

… und dann im unteren Bereich mittig auf die Fahne kleben.

47

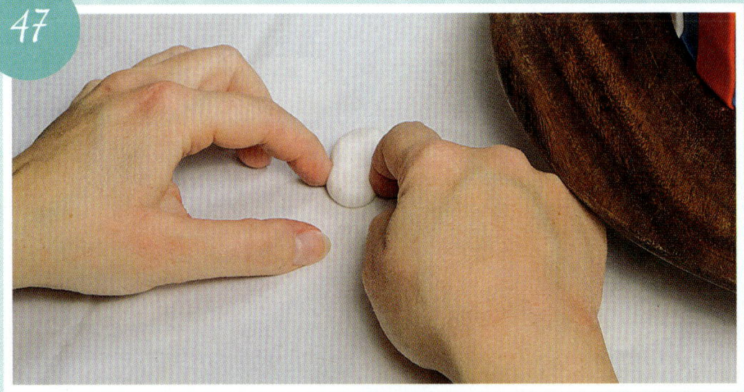

Für den Totenkopf 6 g weißen Modellierfondant zu einem länglich ovalen Strang formen und platt drücken. In Schädelform bringen und an den Wangen mit den Fingern etwas eindrücken.

48

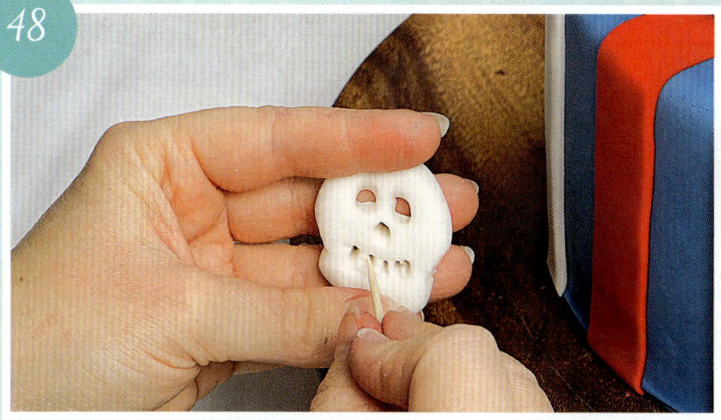

Das Gesicht des Totenkopfs am besten mit einem Zahnstocher einstechen.

49

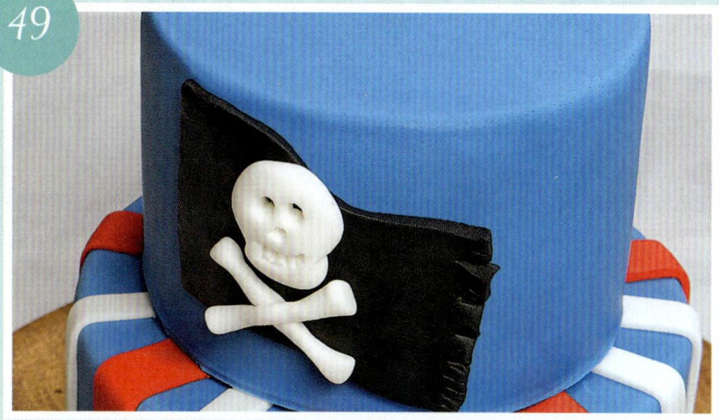

Den Totenkopf mit Zuckerkleber direkt über den gekreuzten Knochen auf der Fahne befestigen.

50

Die Säbelklinge seitlich neben der Fahne am oberen Kuchen anbringen.

51

Die Spaghetti am Säbelgriff genau auf der gegenüberliegenden Seite schräg in den oberen Rand der Torte schieben.

52

Für runde Geldstücke den übrigen weißen Modellierfondant ausrollen.

53

Mit unterschiedlich großen runden Ausstechern Kreise ausstechen.

54

Mit dem Zahnstocher wird nun am Rand Münzstruktur eingeritzt.

55

In die Mitte der Münzen können auch noch Motive wie Totenköpfe eingedrückt werden.

56

Die Geldstücke dann zum Schluss noch alle mit etwas goldener Puderfarbe einfärben.

Tipp

Wer keine Zeit hat, das Geld zu modellieren, legt einfach Schokoladengeld dazu.

57

Zuletzt wird die Truhe oben auf die Torte gesetzt. Den unteren Teil der Truhe mit Zuckerkleber befestigen.

58

Die Schatztruhe mit Geldstücken, goldenen Zuckerperlen und Zuckerdiamanten befüllen …

59

… und den Deckel darüberlegen.

Tipp

Eine persönliche Note bekommt die Torte, wenn man beispielsweise den Namen und das Alter des kleinen Piraten auf die Torte schreibt oder modelliert!

Videotipp

Einen Totenkopf modellieren

Shopping Queen

Schwierigkeitsgrad

ZUTATEN FÜR EINE TORTE

Tortenbasis: zwei rechteckige Torten mit je 25 cm x 15 cm Kantenlänge (Grundrezept je 1 x)

Zum Eindecken der Tortenbasis: 750 g brauner Rollfondant

Zum Eindecken des Cake Boards: 150 g pinkfarbener Rollfondant

Blütenpaste: Beige 50 g, Weiß 15 g

Modellierfondant: Braun 50 g, Beige 25 g, Pink 35 g

ARBEITSMATERIAL

Pinsel, Modellierwerkzeug Kamm, Teigschaber, langes Messer, Back-
matte, Nudelholz, Messer oder Modellierwerkzeug zum Schneiden,
Glätter, Cake Board mit 25 cm Durchmesser, Rollstab, runde Aus-
stecher in fünf verschiedenen Größen (ca. 0,5–3 cm Durchmesser),
Foam Pad, Ball Tool, Perlenform (Perlen-Mould) aus Kunststoff oder
Silikon, pinkfarbenes Satinband, Stecknadel, Schere
Spaghetti, Zuckerkleber, Ganache (Grundrezept 1 x), Eiweißspritz-
glasur (Icing), silberfarbene Zuckerdragees, Kokosfett, Lebens-
mittelspray Perlmutt und Glanz, Zuckerdiamanten

Dekozeit: 4 Std. zzgl. 5 Std. Trockenzeit

HANDTASCHENTORTE

1

Zuerst für den Taschenhenkel die beigefarbene Blütenpaste zu einem ca. 15 cm langen und 2,5 cm breiten Strang rollen.

2

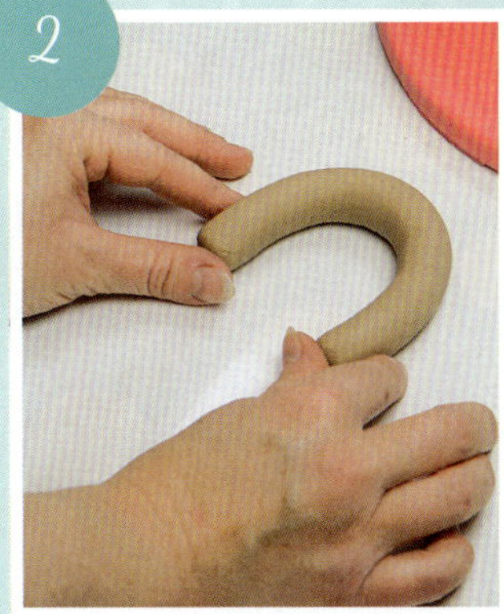

Den Strang zu einem Henkel biegen.

3

Zwei ca. 5 cm lange Stück Spaghetti mit Zuckerkleber einstreichen und vorsichtig in die Enden des Henkels eindrehen.

4

Mit den Zacken des Modellierwerkzeugs Kamm eine Naht in den Henkel eindrücken. Den Henkel ca. 4 Stunden trocknen lassen.

5

Um die Handtaschenform zu erhalten, werden zwei Rührkuchen in einer rechteckigen Form mit 25 cm x 15 cm Kantenlänge gebacken.

6

Die Kuchen ganz auskühlen lassen und dann mit dem Teigschaber auf jeweils einer Seite mit Ganache bestreichen. Diese Seiten aneinanderdrücken.

7

Mit einem langen Messer die langen Seiten des zusammengesetzten Kuchens …

8

… schief anschneiden.

9

Die Ecken der Tasche rund zuschneiden.

10

Dann die Handtasche rundum einganachieren und ca. 1 Stunde in den Kühlschrank stellen, damit die Ganache vollständig trocknet.

11

Den braunen Rollfondant auf einer Backmatte mit dem Nudelholz ca. 5 mm dünn ausrollen.

12

Die Handtasche nun mithilfe der Unterlage, auf der der Fondant ausgerollt wurde, eindecken. Den Fondant mit der Backmatte mittig über den Kuchen heben, langsam rundherum von der Matte lösen und vorsichtig davon abziehen.

13

Mit der Handinnenfläche den Fondant ganz vorsichtig an den Ecken und Kanten andrücken.

14

Jetzt mit einem Messer oder Modellierwerkzeug den überschüssigen Fondant am unteren Kuchenrand abschneiden.

15

Unebenheiten mit dem Glätter beseitigen. Diesen dafür mit etwas Druck über die Torte streichen. Den Glätter dabei nie gerade auf den Fondant setzen, damit er nicht kleben bleibt, sondern immer leicht gekippt auf der Oberfläche halten.

16

Um das Cake Board einzudecken, den pinkfarbenen Rollfondant auf der Backmatte rund ausrollen; die Fläche sollte etwas größer sein als das Cake Board.

17

Das Cake Board mit einem Pinsel mit Wasser befeuchten.

18

Den Fondant mithilfe der Backmatte darauflegen …

19

… und den Rand rundherum andrücken.

20

Den Fondant auf dem Cake Board glätten.

21

Danach den überschüssigen Fondant …

22

… am unteren Rand rundherum abschneiden.

23

In die Mitte des Cake Boards etwas Eiweißspritzglasur (Icing) streichen, damit die Torte später darauf kleben bleibt.

24

Die Handtasche vorsichtig daraufsetzen.

25

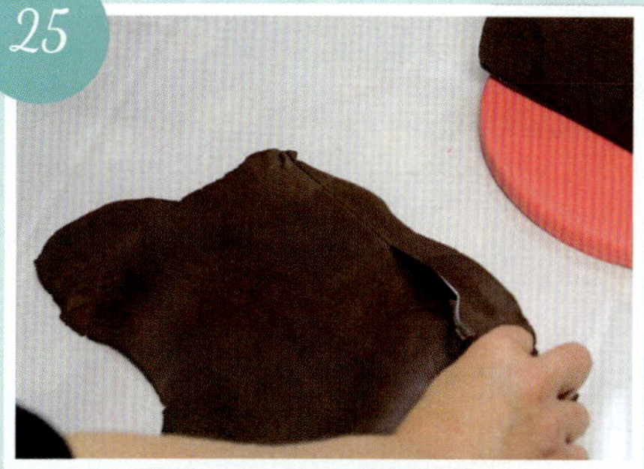

Für die Lasche den braunen Modellierfondant in der Breite der Handtasche ausrollen. Daraus dann ein auf einer Längsseite abgerundetes Rechteck herausschneiden.

26

Die Lasche mit Zuckerkleber oben auf der Torte befestigen. Falls sich die Lasche beim Anheben verzieht, vorsichtig mit dem Modellierwerkzeug zum Schneiden oder dem Messer begradigen.

27

Den beigefarbenen Modellierfondant zu einem ca. 30 cm langen Strang rollen.

28

Den gebogenen Rand der Lasche mit etwas Zuckerkleber einstreichen …

29

… und den gerollten Fondantstrang vorsichtig daran befestigen.

30

Mit dem Kamm-Modellierwerkzeug eine Naht in den Strang eindrücken.

31

Dafür den Strang entlang die Zacken eng nebeneinander in den Fondant drücken.

32

Den getrockneten Henkel mit den Spaghetti oben auf der Torte befestigen.

33

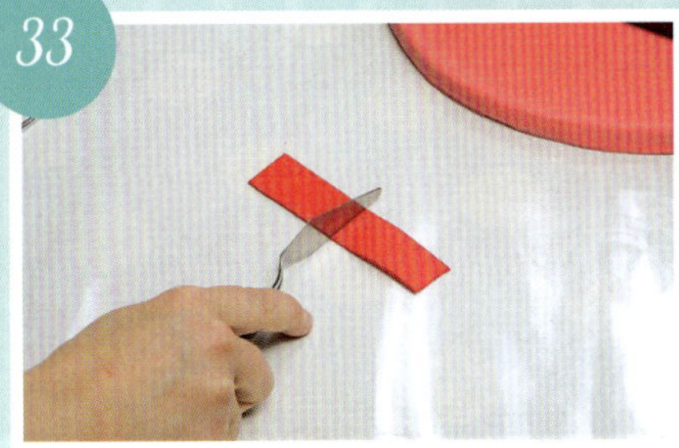

Um die Schleife zu modellieren, werden aus insgesamt 10 g pinkfarbenem Modellierfondant zwei gleich große, jeweils ca. 5 cm lange und 2 cm breite Rechtecke ausgerollt.

34

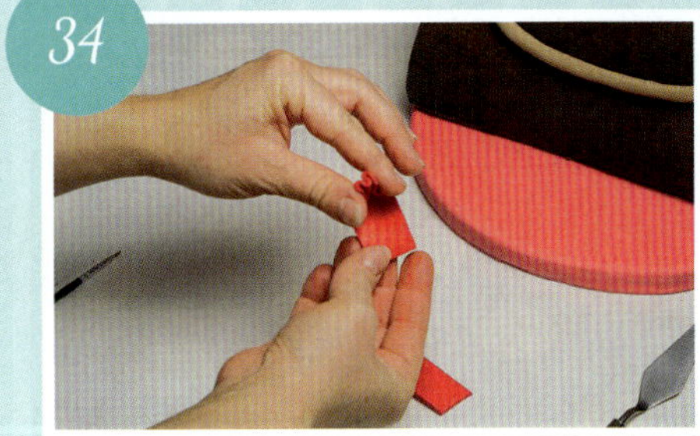

Den ersten Strang an den Enden auf beiden Seiten zur Mitte hin einschlagen. Am besten zu einem Herz einschlagen, damit die Schleife dann Falten erhält.

35

Anschließend die beiden eingeschlagenen Enden des pinken Fondantstranges zusammenfalten.

36

Die Schritte mit dem zweiten Strang wiederholen. Die beiden Schleifenenden mit Zuckerkleber zusammenkleben.

37

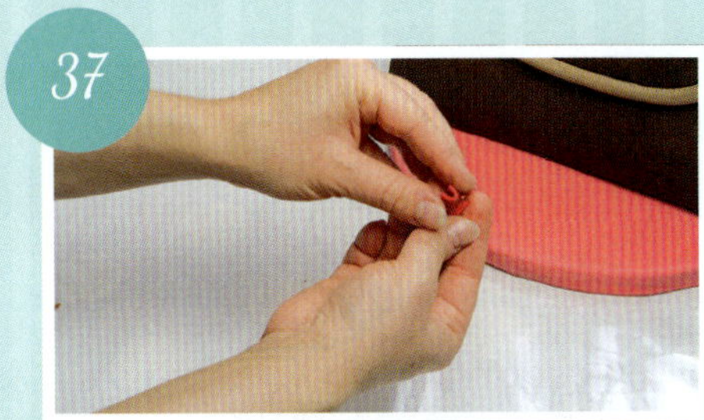

Für das Mittelstück der Schleife 1 g pinkfarbenen Modellierfondant zu einem 0,5 cm breiten und 2,5 cm langen Rechteck ausrollen. Die Enden auf beiden Seiten einschlagen.

38

Das Mittelstück um die beiden großen Hälften legen und ankleben.

39

Die Schleife mit Zuckerkleber mittig auf der Lasche der Tasche befestigen.

40

Für die Blüten 7 g pinkfarbenen Modellierfondant ausrollen. Daraus fünf unterschiedlich große Kreise ausstechen. ***Mein Tipp:*** Die Kreise beispielsweise mit Gewürzdeckeln oder Schnapsgläschen aus dem Haushalt ausstechen.

41

Die Kreise auf das Foam Pad legen und mit dem Ball Tool an den Rändern ausdünnen.

42

Dabei werden die Ränder wellig und erhalten so eine natürliche Form.

43

Die Kreise in der Mitte jeweils mit etwas Zuckerkleber bestreichen …

44

… und der Größe nach von groß nach klein aufeinanderkleben.

45

In die Mitte der Blüte ein silbernes Zuckerdragee kleben. Aus dem übrigen pinkfarbenen Fondant auf die gleiche Weise zwei weitere Blüten herstellen.

46

Zwei Blüten mit Zuckerkleber auf der Torte befestigen.

47

Für ein Perlenarmband benötigt man weiße Blütenpaste und eine Perlenform (Perlen-Mould) aus Kunststoff oder Silikon.

48

Die Form innen gründlich mit etwas Kokosfett ausreiben.

Tipp

Hat man keine Perlenform, kann man auch Perlen mit der Hand rollen und die dann mit Zuckerkleber zusammenkleben.

49

Die Blütenpaste zu einem langen Strang rollen und in die Form drücken.

50

Überschüssige Paste mit dem Messer oder Modellierwerkzeug abschneiden.

51

Die Silikonform 15 Minuten in den Gefrierschrank legen.

52

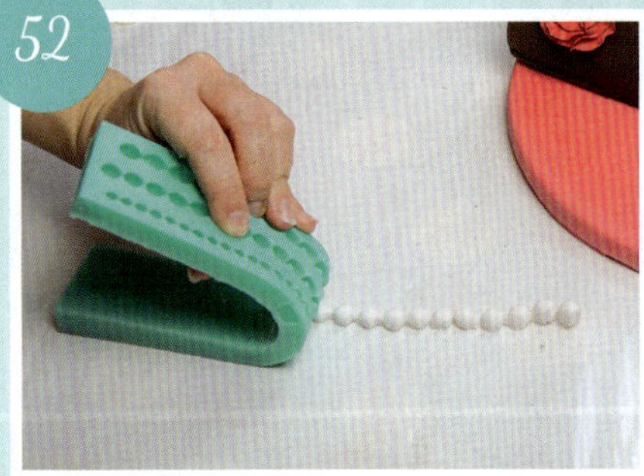

Anschließend die Perlenkette vorsichtig aus der Form lösen.

53

Den Strang zu einem runden Armband legen und mit Perlmuttspray färben.

54

Das Cake Board wird mit dem Armband, Zuckerdiamanten und der übrigen Blüte verziert. Die einzelnen Dekoelemente mit Zuckerkleber darauf befestigen.

Tipp

Zuckerdiamanten kann man auch selbst machen. Dafür flüssigen Isomalt, ein Gemisch zweier Zuckeralkohole, das als Zuckeraustauschstoff Verwendung findet, in eine passende Silikonform gießen.

55

Die Handtasche mit Glanzspray besprühen, damit sie eine Lederoptik erhält.

56

Zuletzt das Satinband um den Rand des Cake Boards legen und an der Schnittstelle mit der Stecknadel feststecken. Das überstehende Ende vom Band abschneiden.

Tipp

Wer mag, kann die Torte natürlich noch weiter verzieren. Zum Beispiel kann man mithilfe von Schablonen tolle Muster oder Motive wie Initialen oder die Jahreszahl zum Geburtstag auftragen. Dafür verwendet man dann am besten Pasten- oder Metallicfarben, die mit etwas Wasser vermischt werden.

Videotipp

Handtasche einganachieren

Tea Time

Schwierigkeitsgrad

ZUTATEN FÜR EINE TORTE

Tortenbasis: runde Torte mit 20 cm Durchmesser (Grundrezept 1 x)

Zum Eindecken der Tortenbasis: 750 g lindgrüner Rollfondant

Blütenpaste: Weiß 300 g

Modellierfondant: Weiß 45 g, Braun 10 g, jeweils 80 g Grün, Rosa und Flieder

ARBEITSMATERIAL

Tasse und passender Unterteller, Rollstab, Messer oder Modellierwerkzeug zum Schneiden, Papiertaschentücher, Schere, Pinsel, Cake-Frame-Gestell (alternativ: runde Holzplatte, Stab, Schmirgelpapier, Alufolie), Teigschaber, Nudelholz, Backmatte, Glätter, Randverzierungsausstecher, runde Lochtülle (2,5 mm), Ball Tool oder Schaschlikspieß, Zahnstocher Puderzucker, Zuckerkleber, Ganache (Grundrezept 1 x), flüssige Lebensmittel-Metallicfarbe Gold

Dekozeit: 6 Std. zzgl. 12 Std. Trockenzeit

1

Für Tasse und Unterteller benötigt man eine echte Tasse mit Unterteller und weiße Blütenpaste. Für den Unterteller 85 g Blütenpaste ausrollen.

2

Sollte die Blütenpaste sehr weich sein, den Unterteller mit etwas Puderzucker einreiben, damit die Paste nicht darin kleben bleibt.

3

Die Blütenpaste vorsichtig in den Unterteller drücken, …

4

… das Ganze umdrehen und die überstehende Blütenpaste abschneiden.

5

Der Untertellerrand soll gewellt werden. Dafür Papiertaschentücher in Streifen scheiden und aufrollen. Dann diese Rollen in einem Abstand von 2 cm zueinander so unter die Blütenpaste legen, dass Wellen entstehen. Den Unterteller ca. 12 Stunden trocknen lassen.

6

Für den Tassenfuß aus 18 g weißer Blütenpaste zuerst aus der Hälfte eine Kugel formen und platt drücken, …

7

… dann aus der anderen Hälfte einen rundlichen Strang formen, …

8

… um den Kreis kleben und 12 Stunden trocknen lassen.

Tipp

Nicht vergessen, in alle Teile in der Mitte ein Loch einzuschneiden, damit später der Stab durchgeschoben werden kann!

9

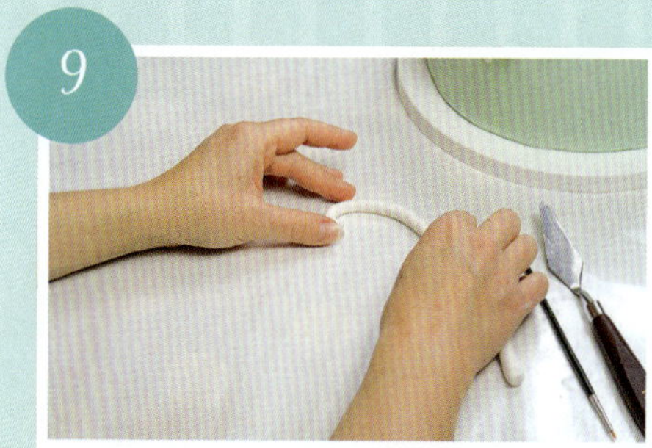

Für Tassen- und Kännchenhenkel aus 7 g weißer Blütenpaste einen Strang rollen und diesen halbieren. Eine Hälfte rundlich und etwas verschnörkelt zum Tassenhenkel formen.

10

Aus der restlichen Blütenpaste einen weiteren Henkel für das Milchkännchen herstellen. Die Henkel ebenfalls ca. 12 Stunden trocknen lassen.

11

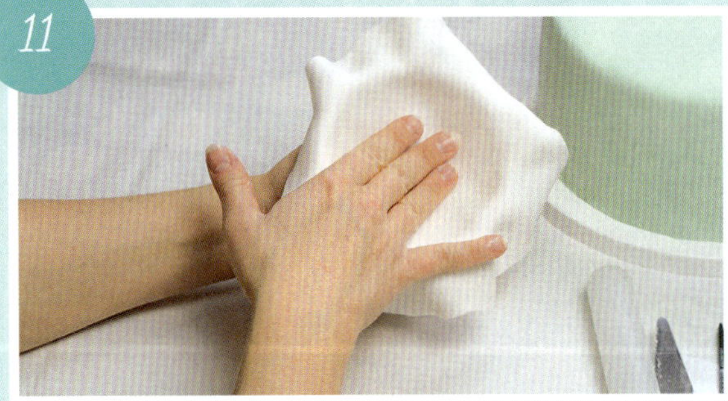

Für die Tasse 60 g weiße Blütenpaste dünn ausrollen. Die „echte" Tasse mit etwas Puderzucker abpudern und dann die Blütenpaste ganz vorsichtig in die Tasse drücken. Vorsicht: Hier besteht Reißgefahr!

12

Die Tasse umdrehen und die überstehende Blütenpaste außen herum abschneiden.

13

An der Stelle, an der später der Stab des Cake Frames durch die Tasse geht, ein passendes Loch in die Blütenpaste schneiden. Dann die Tasse in der Form ca. 12 Stunden trocknen lassen.

14

Für diesen Gravity Cake wird ein spezielles Gestell benötigt, damit es später so aussieht, als ob die Milch aus dem Kännchen fließen würde. Hier wird ein Aufbau aus Kunststoff, ein Set von Cake Frame, verwendet. Alternativ kann man auch eine rund zugeschnittene Holzplatte aus dem Baumarkt verwenden, an die man einen ca. 25 cm hohen Stab schraubt; die Enden sollten abgeschmirgelt und unbeschichtete Holzplatten mit Alufolie belegt werden.

Tipp

Das Set von Cake Frame besteht aus Einzelteilen, die einzeln und nacheinander zusammengesetzt werden können.

15

Den Kuchen mittig auf die Platte setzen. Dabei bohrt sich der Stab durch seine Mitte.

16

Den Kuchen mithilfe des Teigschabers an den Seiten und auf der Oberfläche einganachieren.

17

Die Ganache trocknen lassen. Der obere Teil des Stabs wird dann wieder abgenommen.

18

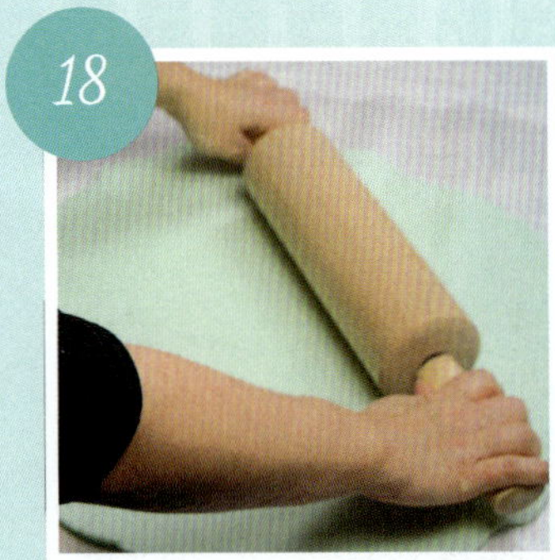

Den lindgrünen Rollfondant mit dem Nudelholz auf der Backmatte ca. 5 mm dick ausrollen.

19

Den Fondant mit der Unterlage hochnehmen und mittig über den Kuchen legen. Zuerst vorsichtig und langsam rundum von der Unterlage ablösen.

20

Dann mit der Handinnenfläche den Fondant vorsichtig andrücken.

21

Den überschüssigen Fondant rundum abschneiden.

22

Unebenheiten mit dem Glätter beseitigen. Diesen dafür mit etwas Druck über die Torte streichen. Den Glätter dabei nie ganz gerade auf den Fondant setzen, damit er nicht kleben bleibt, sondern immer leicht gekippt auf der Oberfläche halten.

23

In der Mitte des Kuchens das Loch für den Stab frei schneiden.

24

Für das Deckchen 30 g weißen Fondant zu einem 22 cm x 22 cm großen Quadrat ausrollen und zuschneiden.

25

Um einen Spitzenrand zu erhalten, verwendet man am besten einen Randverzierungsausstecher.

26

Den Ausstecher am Rand des Quadrates andrücken, wieder abnehmen und den überschüssigen Fondant entfernen.

27

Diesen Vorgang auf allen Seiten des weißen Fondantquadrates wiederholen.

28

Mit der kleinen runden Lochtülle stanzt man …

29

… in den Rand des Deckchens ein Lochmuster.

30

Das Deckchen mit Zuckerkleber auf der Torte befestigen.

31

Auch hier für den Stab ein Loch einschneiden.

32

Sind alle Teile für Unterteller und Tasse getrocknet, können sie mit Zuckerkleber …

33

… auf der Torte befestigt werden. Jetzt auch den Henkel an der Tasse anbringen.

34

Den braunen Modellierfondant mit etwas weißem mischen und so verkneten, dass man eine Marmorierung erhält. Dafür am besten immer in die gleiche Richtung kneten. So formen, dass er als Tee in die Tasse passt.

35

Den Modellierfondant in die Tasse kleben und auch hier wieder ein Loch für den Stab einschneiden. Dann den Stab anbringen.

36

Anschließend mit einem Pinsel etwas goldene Metallicfarbe aufnehmen …

37

… und die Ränder von Unterteller, Tasse und Henkel anmalen.

38

Mit dem Ende des Ball Tools oder mit einem Schaschlikspieß dekorativ Punkte auf den Tortenrand zeichnen.

39

Für die Milch 10 g Blütenpaste zu einem ca. 18 cm langen Rechteck ausrollen.

40

Den Stab mit ein wenig Wasser einstreichen und die ausgerollte Blütenpaste um den Stab legen.

41

Die überlappenden Enden mit Zuckerkleber zusammenkleben und überschüssige Blütenpaste abschneiden.

42

Für Milchspritzer aus etwas weißer Blütenpaste zuerst einige Kugeln rollen und diese dann zu Tropfen formen.

43

Die vorbereiteten Tropfen als Spritzer …

44

… unten an den „Milchstab" in den Tee kleben.

45

Für das Kännchen restliche Blütenpaste länglich formen.

46

Mit dem Rollstab das Kännchen aushöhlen.

47

Das Kännchen zwischen den Händen so rollen, dass es in der Mitte ausgedünnt wird.

48

Zum Schluss mit den Fingern auf einer Seite den Ausgießer nach außen formen.

49

50

In das Kännchen etwas Zuckerkleber streichen, …

51

… oben auf den Stab schieben und festkleben.

52

Den Henkel an das Milchkännchen kleben ….

53

… und mit goldener Metalicfarbe bemalen.

54

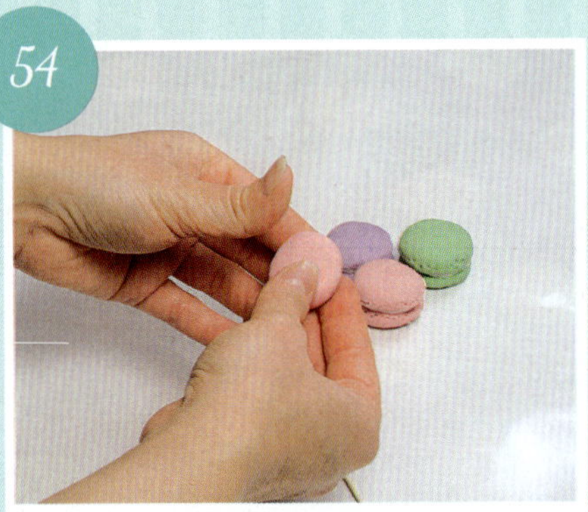

Die Macarons aus grünem, rosa- und fliederfarbenem Modellierfondant herstellen. Aus jeder Farbe zehn gleich große platt gedrückte Kugeln formen.

55

Aus dem restlichen weißen Modellierfondant 15 gleich große Kugeln formen und diese für die Füllung der Macarons ebenfalls flach drücken …

56

… und auf jeweils fünf gleichfarbige bunte Fondantkreise kleben. Die jeweils farblich passenden Obertelle aufkleben.

57

Den senkrechten Rand der Macarons mit einem Zahnstocher einstechen.

58

Die Macarons mit Zuckerkleber auf und an die Torte kleben.

Tipp

Natürlich kann man auch echte Macarons verwenden! Und wer mag, legt noch einen Teelöffel und Würfelzucker auf die Torte.

Videotipp

So modelliert man eine Tasse mit passendem Unterteller

Bakery

Zum Wohl!

Schwierigkeitsgrad

ZUTATEN FÜR EINE TORTE

Tortenbasis: zwei runde Torten mit je 15 cm Durchmesser (Grundrezept je 0,5 x), eine rechteckige Torte aus der Kastenform mit 25 cm Länge (Grundrezept 1 x)

Zum Eindecken der Tortenbasis: 500 g weißer und 350 g grüner Rollfondant

Zum Eindecken des Cake Boards: 150 g weißer Rollfondant

Modellierfondant: Weiß 50 g, Beige 32 g, Rosa 250 g, Schwarz 5 g

ARBEITSMATERIAL

Rollstab, runde Ausstecher in zwei verschiedenen Größen (ca. 2 cm und 4 cm Durchmesser), Pinsel, weißer mit Papier ummantelter Floristendraht (Größe: 30 gauge), Messer oder Modellierwerkzeug zum Schneiden, rundes Cake Board mit 22 cm Durchmesser, Nudelholz, Glätter, Prägematte für Baumstruktur, dünnes rosafarbenes Satinband, Schere, Drehteller, langes Messer, Teigschaber, Zahnstocher, Backmatte, evtl. Schaschlikspieß, Papiertaschentuch, Broschen-Mould, Strohhalm Zuckerkleber, Spaghetti, Lebensmittelspray Silber und Gold, Lebensmittel-Pastenfarbe Braun, Ganache (Grundrezept 1 x), Makkaroni, Lebensmittelstifte Braun und Schwarz, Kokosfett, flüssige Lebensmittel-Metallicfarbe Gold

Dekozeit: 7 Std. zzgl. 4 Std. Trockenzeit

1

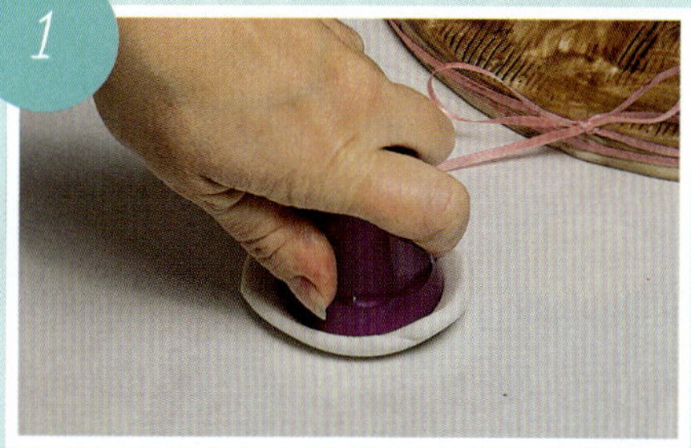

Zuerst die Griffe des Sektkühlers modellieren. Dafür 10 g weißen Modellierfondant ausrollen und mit dem großen runden Ausstecher einen Kreis ausstechen.

2

Aus diesem Kreis einen weiteren, kleineren Kreis mit dem zweiten Ausstecher ausstechen; dieser soll nicht ganz mittig sein.

3

Aus wenig weißem Modellierfondant eine erbsengroße Kugel rollen und mit Zuckerkleber auf dem dickeren Teil des Kreises befestigen.

4

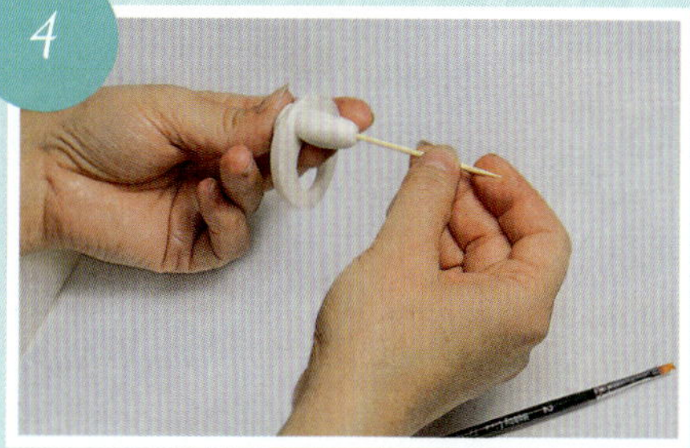

Aus 1 g Modellierfondant einen 2 cm langen Strang rollen und am hinteren Teil des Griffes auf der Höhe der Kugel ankleben. Ein ca. 5 cm langes Stück Spaghetti mit Zuckerkleber bestreichen und vorsichtig so in den Strang eindrehen, dass es hinten herausragt.

5

Den Griff mit Silberspray besprühen. Den zweiten Griff genauso modellieren und beides 4 Stunden trocknen lassen.

6

Für die Sektspritzer werden aus 15 g weißem Modellierfondant ca. 16 Tropfen geformt.

7

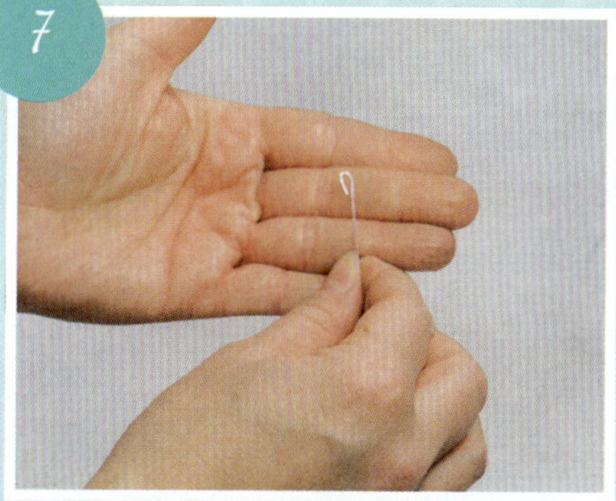

Ein Stück Floristendraht an einem Ende umknicken, …

8

… diese kleine Schlinge in Zuckerkleber tauchen …

9

… und in den Tropfen stecken. Den Vorgang für alle Tropfen wiederholen und diese dann ca. 4 Stunden trocknen lassen.

10

Für das große Etikett 5 g weißen Modellierfondant ausrollen und ein 7 cm breites und 8 cm hohes Rechteck ausschneiden. 1 Stunde antrocknen lassen, dann lässt es sich besser darauf zeichnen.

11

Um das Cake Board einzudecken, den weißen Rollfondant ausrollen; die Fläche sollte etwas größer sein als das Cake Board. Das Cake Board mithilfe eines Pinsels mit Wasser befeuchten.

12

Den Fondant auf das Cake Board legen, glätten und den Rand rundum andrücken. Überschüssigen Fondant mit dem Messer oder Modellierwerkzeug am unteren Rand abschneiden.

13

Für die Holzoptik auf dem Cake Board wird eine Prägematte für Baumstruktur benötigt.

14

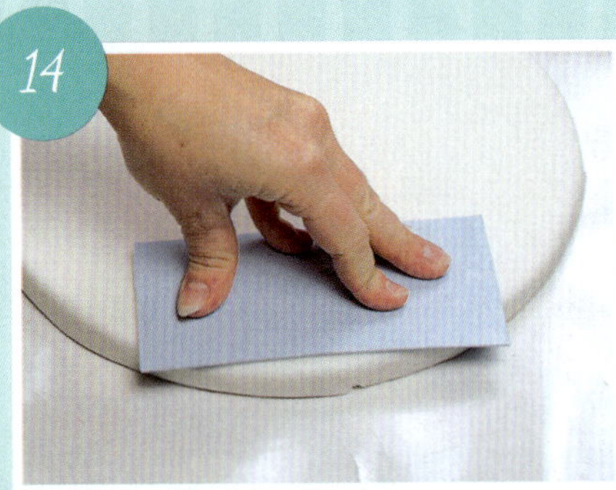

Die Prägematte fest auf das eingedeckte Cake Board drücken, um die Struktur zu erhalten.

15

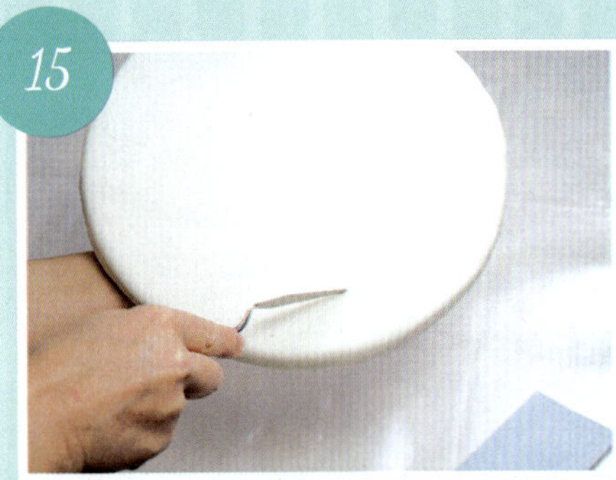

Wer keine Prägematte hat, kann auch viele unterschiedlich lange und breite, parallele Striche in den Fondant ritzen.

16

Etwas braune Pastenfarbe mit einem Tropfen Wasser verdünnen …

17

… und das Cake Board, auch den Rand, damit bestreichen.

18

Das Cake Board mit dem dünnen Satinband zweimal umwickeln.

19

Dann das Satinband abschneiden und eine Schleife binden.

20

Den ersten runden Kuchen auf einen Drehteller setzen und oben mit Ganache bestreichen. Den zweiten runden Kuchen daraufsetzen.

21

Um die Form eines Flaschenkühlers zu erhalten, wird der Kuchen rundherum mit einem langen Messer nach unten hin abgeschrägt.

22

Den Kuchen mithilfe des Teigschabers …

23

… rundherum mit Ganache einstreichen.

24

Für die Sektflasche aus dem Kastenkuchen eine 3 cm breite und 8 cm lange Ecke herausschneiden. Dabei diese Ecke schräg schneiden.

25

Auf der anderen Seite des Kuchens ein gleich großes Stück herausschneiden, damit der Flaschenhals entsteht. Am unteren Ende die Kanten abrunden.

26

Die Kanten des Kuchens dann mit einem langen Messer an allen Seiten rund anschneiden, damit eine Flaschenform entsteht.

27

Die Flasche aufstellen und mithilfe des Teigschabers rundum mit Ganache einstreichen.

Tipp

Stellt euch am besten eine echte Flasche direkt daneben, damit ihr euch an der Form orientieren könnt!

28

Mein Tipp: Dünne Flaschenhälse stabilisiert man am besten mit einer Makkaroni.

29

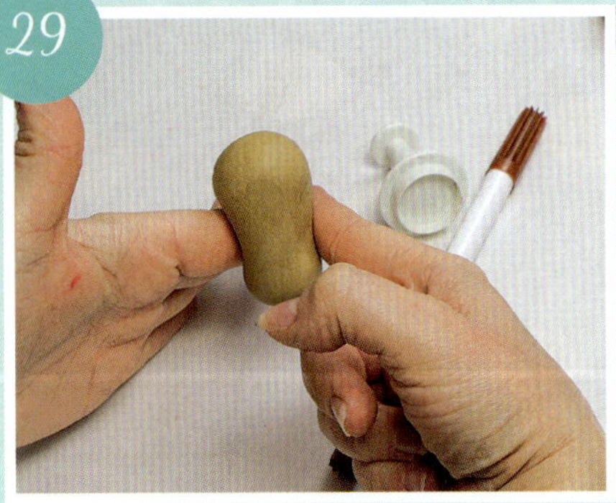

Für den Korken 25 g beigefarbenen Modellierfondant zu einem 6 cm langen und 3 cm breiten Strang rollen. Diesen in der Mitte zwischen den Fingern etwas ausdünnen.

30

Auf einer Seite, am Korkenfuß, wird der Korken auf der Arbeitsfläche platt gedrückt.

31

An der anderen Seite, am Korkenkopf, drückt man mit dem kleinen runden Ausstecher einen Kreis ein.

32

Mit einem Zahnstocher ritzt man rund um den Kopf längs Striche ein.

33

Um den Korkenfuß ritzt man kleinere Striche ein.

34

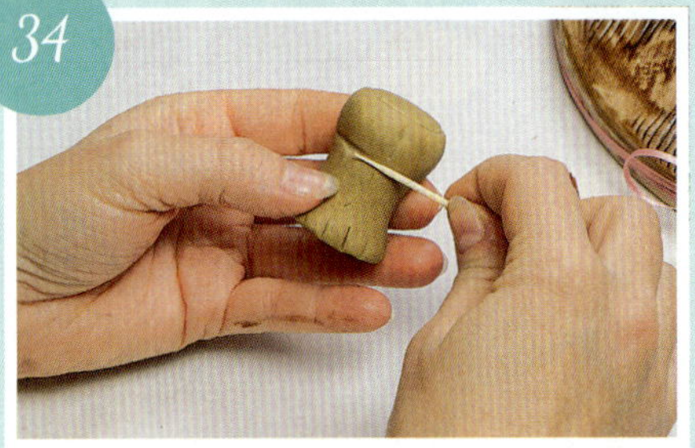

Unterhalb des Korkenkopfs drückt man mit dem Zahnstocher quer eine Kerbe ein, damit er sich noch stärker abhebt.

35

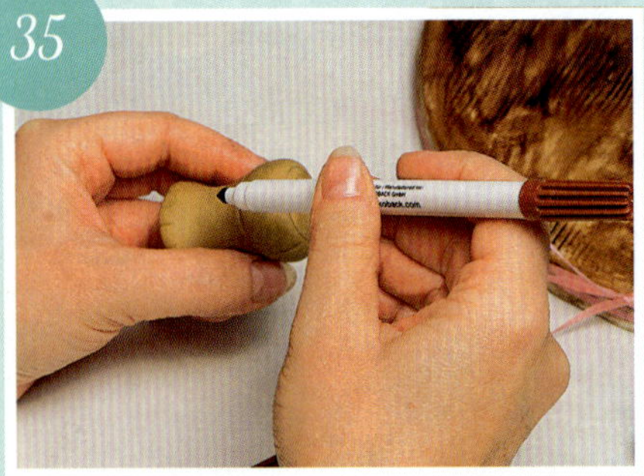

Für ein natürlicheres Aussehen mit dem braunen Lebensmittelstift kleine Striche auf den Korken malen.

36

Zuletzt noch mit dem rosafarbenen Satinband eine Schleife um den Korken binden.

37

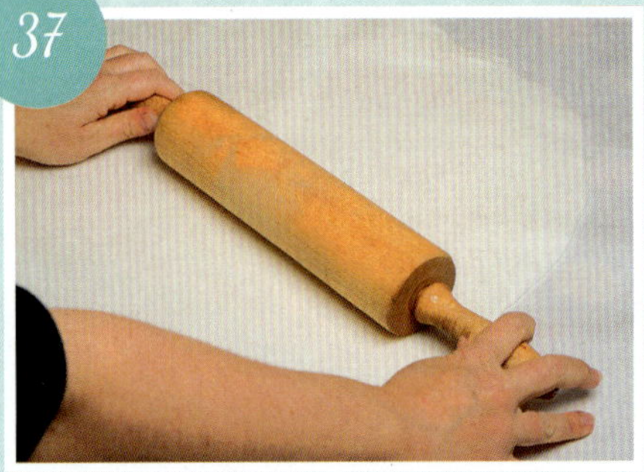

Zum Eindecken des runden Kuchens den weißen Rollfondant auf der Backmatte ca. 5 mm dick ausrollen.

38

Den Sektkühler dann mithilfe der Unterlage, auf der der Fondant ausgerollt wurde, eindecken. Den Fondant mit der Backmatte mittig über den Kuchen heben, langsam rundherum von der Matte lösen und dann vorsichtig von der Matte ziehen.

39

Den Fondant andrücken und mit einem Messer Überschüssiges abschneiden.

40

Den Sektkühler mit silbernem Lebensmittelspray …

41

… rundherum gleichmäßig besprühen.

42

Mit einem langen Messer vom Drehteller lösen …

43

… und mittig auf dem Cake Board platzieren.

44

Den ersten Griff auf einer Seite im oberen Bereich des Sektkühlers mit der Spaghetti befestigen.

45

Den zweiten Kühlergriff genau auf der gegenüberliegenden Seite im Kuchen befestigen.

46

Für das Tuch den rosa Modellierfondant ca. 5 mm dick ausrollen und daraus ein Quadrat ausschneiden.

47

Das Tuch in Falten …

48

… über den Sektkühler legen. Dann auch den Korken mit Zuckerkleber auf dem Cake Board befestigen.

49

Um die Flasche einzudecken, den grünen Rollfondant auf der Backmatte ca. 5 mm dünn ausrollen.

50

Die Flasche mithilfe der Backmatte eindecken. Dafür den Fondant mit Matte mittig über den Kuchen heben, langsam rundherum von der Matte lösen und danach vorsichtig ganz von der Matte ziehen.

51

Den Fondant rundum andrücken. Unebenheiten mit dem Glätter beseitigen. Den Glätter dafür mit etwas Druck über die Torte streichen, ihn dabei aber nie gerade auf den Fondant setzen, damit er nicht kleben bleibt, sondern immer leicht gekippt auf der Oberfläche halten.

52

Aus ca. 4 g beigefarbenem Modellierfondant einen ca. 15 cm langen Streifen rollen, flach ausrollen und ein Rechteck daraus ausschneiden.

53

Den Streifen mit Zuckerkleber rund um den Flaschenhals kleben, andrücken und den überschüssigen Fondant gerade abschneiden.

54

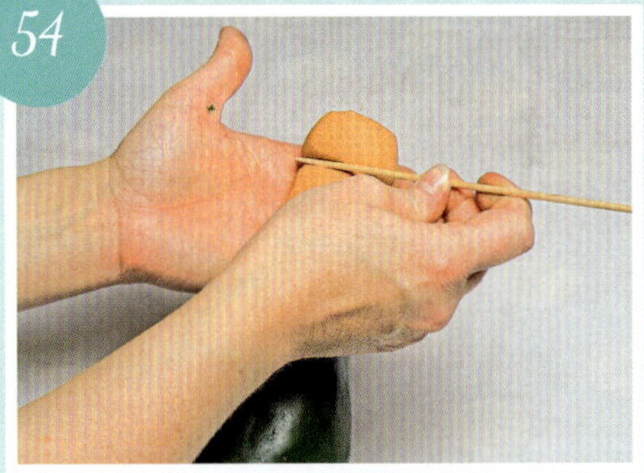

Mit einem Schaschlikspieß oder einem Zahnstocher ca. 1 cm unter dem Anfang des Flaschenhalses quer eine Einkerbung eindrücken.

55

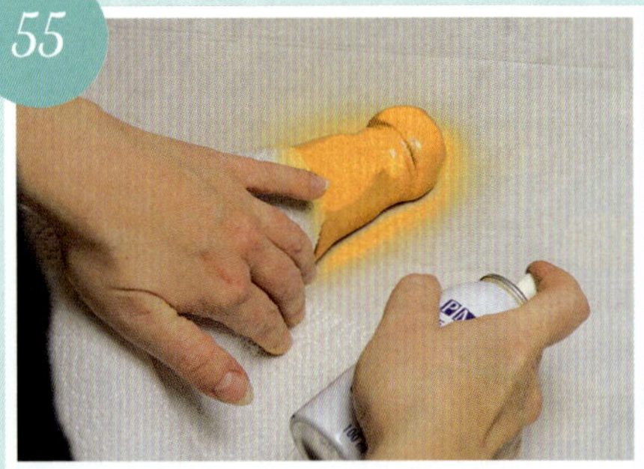

Die Flasche bis auf den beigen Teil mit einem Taschentuch abdecken und den Flaschenhals mit goldenem Lebensmittelspray besprühen.

56

1 g schwarzen Modellierfondant ausrollen und einen kleinen Kreis mit ca. 2 cm Durchmesser ausstechen.

57

Den schwarzen Kreis mit Zuckerkleber in der Mitte zwischen Flaschenhals und Flaschenunterteil aufkleben.

58

Den restlichen schwarzen Modellierfondant dünn ausrollen und zwei jeweils 1,5 cm breite Streifen ausschneiden. An beiden Seiten des aufgeklebten Kreises ankleben und überschüssigen Fondant unten gerade abschneiden.

59

Aus etwas beigefarbenem Modellierfondant einen dünnen Strang formen und um den schwarzen Kreis kleben.

60

Aus beigefarbenem Fondant weitere Stränge rollen …

61

… und mit Zuckerkleber oben und unten am Etikett befestigen.

62

Auf das runde schwarze Etikett wird eine Silhouette geklebt. Dafür benötigen wir eine Broschen-Mould, die vorher mit etwas Kokosfett eingerieben wird.

63

Wenig beigefarbenen Modellierfondant abnehmen, in die Form drücken und den Fondant …

64

… wieder vorsichtig aus der Form lösen. Die Silhouette mit Zuckerkleber auf dem Etikett befestigen.

Tipp

Hat man keine Mould zur Hand, kann auch eine Zahl, ein Buchstabe oder ein Blümchen das Etikett am Flaschenhals schmücken.

65

Auf das Etikett mit einem schwarzen Lebensmittelstift Sektgläser zeichnen.

66

Das Etikett mit Zuckerkleber auf der Flasche befestigen …

Tipp

Das Etikett kann auch mit einem Lebensmitteldrucker und Lebensmitteltinte auf Fondant- oder auf Oblatenpapier ausgedruckt werden.

67

… und mit einem Strang aus dem übrigen beigefarbenen Modellierfondant umranden.

68

Die beigefarbenen Umrandungen werden mit flüssiger goldener Lebensmittelfarbe angemalt.

69

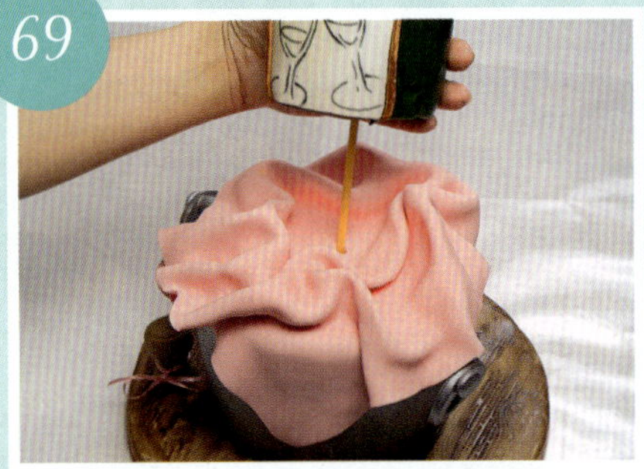

Eine Makkaroni mit Zuckerkleber bestreichen und unten in die Flasche stecken. Dann die Flasche vorsichtig im Sektkühler fixieren.

70

Den restlichen weißen Modellierfondant in den Strohhalm geben. Die Drähte mit den Tropfen hineinstecken und den Strohhalm vorsichtig von oben in die Flasche stecken.

Tipp

Anstelle der Sektflasche kann auf diese Weise auch eine Weinflasche modelliert werden, die beispielsweise in einer Holzkiste liegt. Und natürlich kann man die Torte auch personalisieren. Dafür etwa das Alter des Beschenkten als Jahrgang auf das Etikett schreiben.

Videotipp

So arbeitet man mit einer Silikonform

Lass Blumen sprechen

Schwierigkeitsgrad

ZUTATEN FÜR EINE TORTE

Tortenbasis: runde Torte mit 25 cm Durchmesser (Grundrezept 1,5 x), runde Torte mit 15 cm Durchmesser (Grundrezept 0,5 x)

Zum Eindecken der Tortenbasis: je 500 g dunkel- und hellblauer Rollfondant

Blütenpaste: Weiß 50 g

Rollfondant: Weiß 5 g

Außerdem: Zuckerspitzenmasse (Grundrezept 1,5 x)

ARBEITSMATERIAL

Orchideenausstecher-Sets in zwei verschiedenen Größen mit passendem Silikonpräger, Cel Board, Rollstab, weißer mit Papier ummantelter Floristendraht (Größe: 30 gauge), Pinsel, Foam Pad, Ball Tool, Schachtel mit kleinen Mulden und flache Schalen (ca. 8 cm Durchmesser) zum Trocknen der Blüten, Zahnstocher, Floristenband, Papiertaschentuch, Nudelholz, Backmatte, Messer oder Modellierwerkzeug zum Schneiden, Lineal, Glätter, runde Cake Card mit 15 cm Durchmesser, fünf Bambusstäbe, Gartenschere, Schmirgelpapier, Silikonform für Zuckerspitze, Teigschaber, Backblech mit Backpapier, Schere, sechs Strohhalme
Zuckerkleber, Lebensmittel-Puderfarbe Gelb, Lebensmittel-Pastenfarbe Pink, Eiweißspritzglasur (Icing)

Dekozeit: 5 Std. zzgl. 13 Std. Trockenzeit

Tipp

Wir verwenden hier ein mehrteiliges Ausstecherset für Orchideen; das erhält man im Fachhandel oder in Tortenshops. Ein Set besteht aus vier verschiedenen Ausstechern: ein Ausstecher für ein großes Kelchblatt, ein Ausstecher für die beiden kleinen Kelchblätter, ein weiterer Ausstecher für die beiden rundlichen Kronblätter und ein Ausstecher für die Lippe. In diesem Projekt werden zwei Sets in unterschiedlichen Größen verwendet, damit wir kleinere und etwas größere Orchideen herstellen können.

1

Zur Orchideenherstellung werden zwei Sets mit Ausstechern für Orchideen in unterschiedlichen Größen mit passendem Silikonpräger, weiße Blütenpaste, Cel Board, Rollstab, Floristendraht, Zuckerkleber und Pinsel, Foam Pad, Ball Tool, Schachtel mit kleinen Mulden und flache Schalen (ca. 8 cm Durchmesser) zum Trocknen der Blüten, gelbe Puderfarbe, pinke Pastenfarbe, ein Zahnstocher und Floristenband benötigt.

2

Für die ersten Blätter der Orchidee ca. 5 g Blütenpaste zu einen Strang rollen, auf das Cel Board legen und ausrollen.

3

Den Ausstecher für das große Kelchblatt so ansetzen, dass eine Rille des Cel Boards in der Mitte des Ausstechers liegt. Das Blatt ausstechen.

4

Mit dem kleineren Ausstecher auf die gleiche Weise zwei kleine Kelchblätter ausstechen.

5

Die Blütenpaste rund um die ausgestochenen Blätter ablösen. Zum Verbinden der einzelnen Blätter Floristendraht verwenden, der mit Papier ummantelt ist.

6

Den Floristendraht in etwas Zuckerkleber tauchen oder damit bestreichen.

7

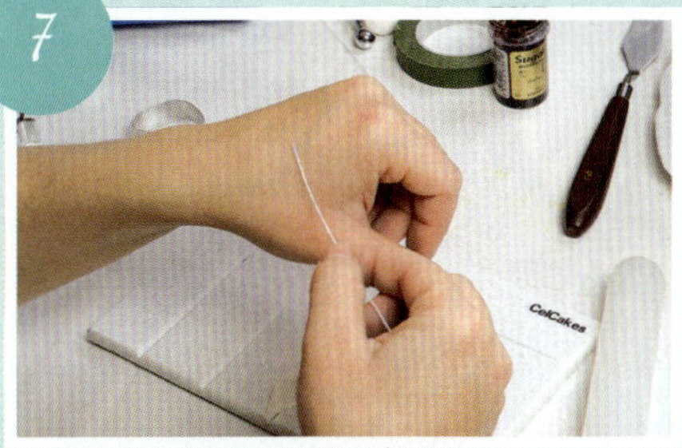

Den überschüssigen Kleber an der Hand abstreichen, damit dann nicht zu viel davon in das Orchideenblatt eingeführt wird.

8

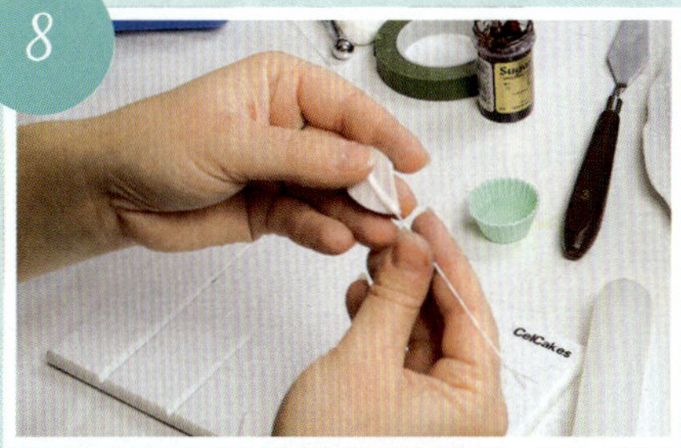

Das erste Blatt vom Cel Board lösen. In die auf der Rückseite des Blattes sichtbare Rille den vorbereiteten Draht vorsichtig und langsam einführen.

9

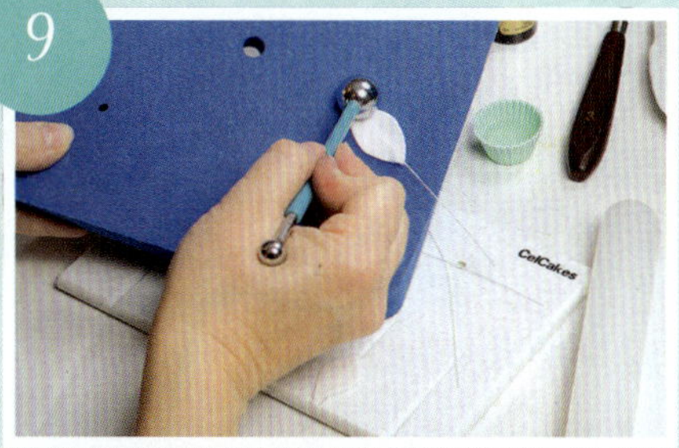

Das Blatt auf dem Foam Pad mit dem Ball Tool an den Rändern ausdünnen. So werden sie leicht wellig und erhalten eine natürliche Form.

10

Das ausgedünnte Blatt in den Silikonpräger legen …

11

… und zusammendrücken. So erhält es eine natürliche Struktur.

Tipp

Hat man keinen Präger zur Hand, kann man die Struktur auch vorsichtig mit einem Zahnstocher einzeichnen.

12

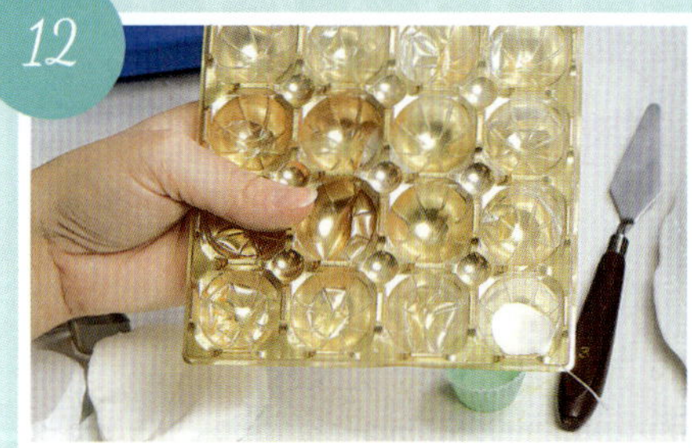

Das Blatt in eine Schachtel mit Mulden legen, damit es eine leicht gebogene Form erhält. Die Schritte für die anderen Kelchblätter wiederholen.

13

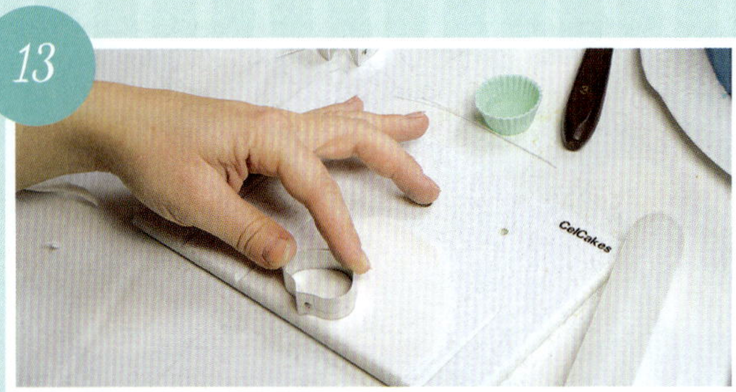

Ca. 2 g Blütenpaste zu einer Rolle formen und auf dem Cel Board ausrollen. Daraus zwei rundliche Kronblätter ausstechen und wie bei den Kelchblättern auf Draht spießen, ausdünnen, prägen und trocknen.

14

Die gleichen Schritte mit ca.1 g Blütenpaste für die Lippe der Orchidee wiederholen …

Tipp

Größere Blätter legt man nicht in die Schachtel mit den Mulden, sondern in runde flache Schalen.

15

… und die Lippe dann, je nach Größe, zum Trocknen in die Schachtel mit Mulden oder in eine flache Schale legen.

16

Gelbe Puderfarbe auf ein Papiertaschentuch geben und mit einem Pinsel aufnehmen. Die Lippe damit abpudern.

17

Mit dem Zahnstocher wenig pinkfarbene Pastenfarbe aufnehmen und kleine Punkte auf die Lippe malen. Auf diese Weise die Bestandteile für weitere fünf Blüten in unterschiedlichen Größen herstellen. Alles dann in der Schachtel bzw. in den flachen Schalen 12 Stunden trocknen lassen.

18

Wenn die Bestandteile der Orchideen getrocknet sind, für die erste Blüte ca. 10 cm Floristenband abschneiden.

19

Das Band direkt unterhalb des großen Kelchblattes am Draht ansetzen und dann fest zuziehen.

20

Nun wird Blatt um Blatt dazugewickelt; als Erstes kommen die beiden Kronblätter, danach die unteren kleinen Kelchblätter.

21

Das Band am Draht entlang nach unten wickeln und die Blätter dann vorsichtig in die richtige Position drehen bzw. biegen.

22

Etwas Eiweißspritzglasur in die Mitte der Blüte streichen …

23

… und die Lippe aufkleben. Auf die gleiche Weise die übrigen Orchideen fertigstellen. Die Blüten ca. 1 Stunde trocknen lassen.

Tipp

Wir verwenden bei der Orchidee Eiweißspritzglasur, denn das klebt noch besser als Zuckerkleber!

24

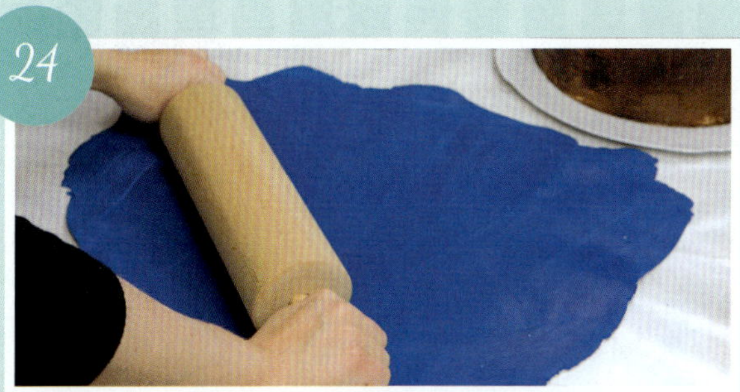

Um einen Kuchen zweifarbig einzudecken, zunächst 350 g dunkelblauen Rollfondant mit dem Nudelholz auf der Backmatte oval ausrollen. Die Fläche muss so groß sein, dass sie die Hälfte von Oberfläche und Kuchenrand vollständig bedeckt.

25

Den Fondant mithilfe der Matte so über den Kuchen legen, dass eine Hälfte des Kuchens vollständig damit bedeckt ist.

26

Den überschüssigen Fondant am unteren Kuchenrand mit einem Messer oder Modellierwerkzeug abschneiden.

27

Die Mitte des Kuchens mit einem Lineal einzeichnen …

28

… und an dieser Nahtstelle entlang den überschüssigen Fondant mit einem Messer oder Modellierwerkzeug abschneiden.

29

Die andere, die noch freie Kuchenhälfte mit 350 g oval ausgerolltem hellblauem Rollfondant auf die gleiche Weise eindecken.

30

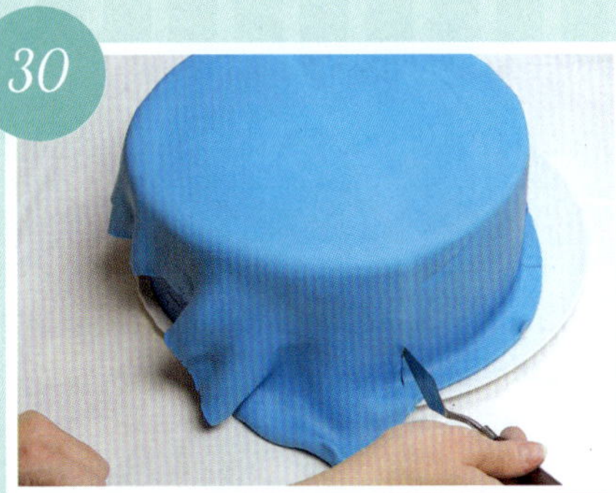

Auch hier dann mit einem Messer oder Modellierwerkzeug an der Mittellinie entlangschneiden …

31

… und überschüssigen Fondant vorsichtig abziehen. Den überstehenden Fondant am unteren Rand ebenfalls abschneiden.

32

Mit dem Finger die Naht zwischen Hell- und Dunkelblau vorsichtig verwischen; bei Bedarf den Finger ganz leicht mit etwas Wasser anfeuchten.

33

Den Fondant nun mit dem Glätter glatt streichen. Den kleineren Kuchen mit dem restlichen Fondant genauso eindecken.

34

Zum Stapeln der Torte werden die runde Cake Card, ein Zahnstocher, Bambusstäbe, eine Gartenschere, Schmirgelpapier, etwas Eiweißspritzglasur (Icing) und ein Messer oder Modellierwerkzeug zum Auftragen benötigt.

35

Zuerst die Cake Card mittig auf das untere Tortenstockwerk legen. Mit dem Zahnstocher den Rand einzeichnen und die Cake Card anschließend wieder herunternehmen.

36

Den ersten Bambusstab in die Mitte des Kuchens stecken. Den Stab wieder herausnehmen und an der Stelle, an der er aus dem Kuchen kommt, mit einer Gartenschere abschneiden.

37

Die Enden abschmirgeln.

38

Auf diese Weise vier weitere Stäbe in der gleichen Höhe vorbereiten. Den ersten Stab in die Mitte des Kuchens stecken, die restlichen in regelmäßigen Abständen am inneren Rand der Markierung für die Cake Card entlang.

39

Die Mitte des großen Kuchens mit etwas Eiweißspritzglasur einstreichen, damit die Cake Card darauf kleben bleibt.

40

Den oberen Kuchen mit Cake Card so aufsetzen, dass die Mittelnähte aufeinanderliegen und sich die Blautöne abwechseln.

Tipp

Zuckerspitzenmasse und passende Silikonformen bekommt man im Fachhandel oder in vielen Internetshops mit Tortenzubehör.

41

Die Zuckerspitze mithilfe der angerührten Zuckerspitzenmasse, einer passenden Silikonform und eines Teigschabers herstellen. Die Masse mit dem Teigschaber so in die Form streichen, dass alle Rillen ausgefüllt sind. Überschüssige Masse mit dem Schaber abziehen.

42

Die Silikonform kommt dann auf einem mit Backpapier ausgelegtem Backblech für 12–15 Minuten bei 70 Grad Umluft in den Backofen.
Für den Kuchen mit 25 cm Durchmesser benötigt man Zuckerspitze mit 80 cm Länge, für den mit 15 cm Durchmesser 50 cm. Abhängig von der Form muss dann der Backvorgang natürlich wiederholt werden.
Nachdem die Zuckerspitze im Ofen getrocknet ist, vollständig abkühlen lassen und dann seitlich beginnen, sie ganz vorsichtig aus der Form zu lösen.

Tipp

Kommt die Zuckerspitze zu hart aus dem Backofen, kann man nicht viel reparieren. Deswegen sollte man sie lieber kürzer im Ofen lassen als zu lange. Hier muss man immer etwas ausprobieren, denn jeder Ofen ist anders. Ist die Spitze noch zu feucht, kann man sie noch nicht aus der Form lösen. Deshalb noch mal kurz in den Ofen stellen oder bei Raumtemperatur fertig trocknen lassen. Und Achtung: Es darf nicht zu viel Kleber verwendet werden, denn ist der Untergrund zu feucht, kann sich die Spitze auflösen!

43

Je nach Form der Silikonform kann man sie mithilfe einer Schere der Länge nach halbieren.

44

Die unteren Ränder der beiden Tortenstockwerke jeweils mit Zuckerkleber einstreichen.

45

Die Zuckerspitze rund um die beiden Kuchenränder legen und dann vorsichtig andrücken.

Tipp

Wer unsicher ist wegen der Länge der Spitze, legt sie vorher zum Testen um die Torte.

46

Um die Orchideen zu befestigen, in sechs passend gekürzte Strohhalme weißen Fondant drücken.

47

Jede Blüte mit dem Draht in einen Strohhalm stecken.

48

Die Blüten nebeneinander in die Torte stecken; so sieht es aus, als wären die Blüten an einem Ast.

Tipp

Die Torte kann natürlich super als Geburtstagstorte verschenkt werden. Da kann man dann die passende Jahreszahl als Cake Topper daraufsetzen!

Videotipp

Orchideen modellieren leicht gemacht

ORCHIDEENTORTE

Register

Rezepte

Equipment

Techniken

Tipps und Tricks

Videoverzeichnis

Abkürzungsverzeichnis

EL	Esslöffel	g	Gramm	mm	Millimeter
TL	Teelöffel	ml	Milliliter	Std.	Stunde
kg	Kilogramm	cm	Zentimeter	Min.	Minute

Dankesworte der Autorin

Dieses Buch wäre ohne die Hilfe, die Rücksichtnahme und die Unterstützung meiner Familie nicht entstanden. Sie mussten meinen Stress, meine wechselhaften Launen, wenn mal wieder etwas nicht geklappt hat, und den Ausnahmezustand in unserer Küche aushalten.

Deswegen gilt mein Dank ganz besonders ihnen. Ich danke meiner Mama, die mir sogar beim Geschirrspülen oder Ausstechen unter die Arme greift. Ich danke meiner Schwester Sabine, die sich stundenlang Fragen zu Farben, Dekorationen und Geschmacksrichtungen rund um die Torten anhören muss. Ich danke meinem Schwager Kai, der mir in der Zeit, als ich mich im Keller mit Fotokamera und Torten verschanzt hatte, eine wunderschöne Wohnung gezaubert hat. Und ich danke der kleinen Klara Luise, die mir jeden Tag ein Lächeln aufs Gesicht zaubert.

Weiterhin möchte ich der lieben Anne danken: nicht nur für die fabelhaften Bilder, sondern auch für die künstlerische Unterstützung und die gute Stimmung, die sie stets verbreitet hat. Wir haben gemeinsam getanzt, gelacht und geflucht.

Ein großes Dankeschön gilt natürlich meiner Oma für all die Inspirationen und leckeren Rezepte aus ihrer Sammlung.

Außerdem möchte ich Monika Matzat für die Bereitstellung des Fondantrezeptes, meiner Kindergartenfreundin Jessica für ihren Einsatz beim Eindecken gefühlter 1000 Torten sowie meiner lieben Freundin Julia danken.

Vielen Dank an den Compact Verlag und besonders an Isabel Martins, die aus all meinen Ideen ein wunderschönes Werk gezaubert haben.

Und ein ganz besonderes Danke natürlich an euch Leser, Follower, Liker und Freunde, ohne die das alles nicht möglich wäre!

Über die Autorin

Stefanie Noé, Jahrgang 1985, ist als Bloggerin unter dem Namen Crazy BackNoé bekannt. In ihrem Blog unter crazybacknoe.blogspot.de, auf Facebook und Instagram stellt sie ausgefallene Torten, Cupcakes oder Cake Pops vor, die sie mit viel Liebe und Leidenschaft backt und dekoriert. Auch aus den Medien ist sie bekannt; so gibt es immer wieder Beiträge über sie im SWR und HR, auf Pro7 oder in diversen Zeitschriften oder Zeitungen. Auch an der VOX Tortenschlacht hat sie teilgenommen.

Stefanie ist von Beruf Dipl.-Chemikerin und Lehrerin für die Fächer Chemie und Physik. In ihrer Freizeit steht sie aber am liebsten in der Küche und experimentiert für neue Kreationen. Während eines Auslandssemesters in Edinburgh (Schottland) 2009 fand sie an ihrer Bushaltestelle zur Universität einen Motivtortenladen. Sie war sofort begeistert von einer zweistöckigen Louis-Vuitton-Koffer-Hochzeitstorte und versprach ihrer Schwester, ihr diese Torte zur Hochzeit zu backen. Und das war der Beginn einer großen Leidenschaft. Seit 2011 beschäftigt sie sich intensiv mit der Tortendekorationskunst und hat bereits über 200 verschiedene Motivtorten umgesetzt. Ihr Wissen gibt sie seit 2013 in regelmäßig stattfindenden Kursen weiter.